ALBUM

D'ANCIENS CAMARADES DU GENIE

PARIS. — IMP V° ÉTHIOU-PÉROU, RUE DAMIETTE, 2 ET 4.

RÉUNION PRIVÉE

D'ANCIENS CAMARADES DE LA LÉGION DU GÉNIE
DE LA GARDE NATIONALE DE PARIS
(1870-1871)

ALBUM PHOTOGRAPHIQUE

DES

MEMBRES-FONDATEURS

ORNÉ DE

FANTAISIES-CHARGES

Biographiques, Critiques, Satiriques, etc., etc.

PAR

PAUL BALADIER

SECRÉTAIRE

OUVRAGE TIRÉ

d'abord par les cheveux et ensuite

A VINGT-TROIS EXEMPLAIRES NUMÉROTÉS

PARIS

M DCCC LXXV

4145 — Pap. E. Gauche, 7, rue de Provence.

EN GUISE DE PRÉFACE

PROPOSITION

Le but des Camarades de la Réunion du Génie est d'entretenir et de resserrer entre eux les relations d'amitié et de bonne confraternité qui les ont unis pendant le siége de Paris. (*Voir l'art. 1er des Statuts.*)

APHORISME

Entre gens qui s'estiment et se plaisent, l'amitié se conserve et s'entretient par des rapports fréquents.

RAISONNEMENT

Le meilleur moyen de soustraire l'amitié aux toiles d'araignées de l'oubli et à la moisissure de l'indifférence, consiste à multiplier les occasions de se réunir pour..... banqueter !!

En présence de l'impossibilité de se réunir très-fréquemment dans un réfectoire commun, il est bon de se grouper photographiquement dans un même album.

De plus, il est utile de joindre aux photographies :

— Des monographies,
— Des biographies,
— Des historiographies,
Le tout en typographie.

HYPOTHÈSE

Le malheur rapprochant, dit-on, les infortunes, l'éreintement en commun semble devoir transformer les Membres du Génie en amis inséparables.

CONCLUSION

Par ce moyen, l'on aura véritablement resserré les liens qui nous unissent. (*Revoir encore l'art.* 1ᵉʳ *sus-visé.*)

SOLUTION

D'où il résulte que là création de cet album-fantaisie-charge était indispensable,

Ce qu'il fallait démontrer.

VISION

Pour peu que l'on contemple avec attendrissement le quarteron d'hommes dont se compose notre réunion intime, l'œil ébloui admire, tout d'abord, l'ensemble harmonieux de ce groupe doré.

Ça et là, se détachent gracieusement de ce bouquet humain quelques Antinoüs que je ne nommerai pas par discrétion (et pour ne point nous citer tous!), dont le maintien noble et distingué, et la physionomie sympathique doivent causer d'immenses ravages dans les rangs de ce sexe enchanteur, auquel nous devons les cinq quarts *au moins* de nos désagréments en ce bas monde.

Si les regards émerveillés d'un observateur sérieux et attentif se promenaient tour à tour sur chaque vingt-troisième Partie de ce beau Tout, en s'arrêtant successivement sur les joues de Chemin, en carmin pur, puis sur le nez d'Ambroise; en se jouant ensuite comme un rayon lumineux dans les reflets rutilants des barbes de Girard et de Letorey, pour se perdre complétement dans la forêt soyeuse du menton de de Pons, après avoir chatouillé au passage l'extrémité de la langue d'Haguet, etc., etc., jamais tableau plus magique n'aurait plongé dans un semblable ravissement la rétine du susdit observateur.

Sous l'influence magnétique de cette féerie incomparable, le profane, empoigné, transporté, charmé, fasciné, tomberait inévitablement en extase et aurait une vision.

Vision lucide et agréable!

Alors, son imagination, vivement surexcitée, s'inspirerait des vagues réminiscences du langage des fleurs, et créerait le langage imagé des Camarades du Génie.

Nous avons reçu de la Nature le pouvoir exclusif de traduire en langue vulgaire, pour l'usage des mortels, le secret de cette hallucination sublime que nous avons transcrite dans le tableau suivant :

Apothéose – Tableau

FOUBERT . . . . . . Bonne humeur, vins en cercles, Présidence de la Société, assortiment complet de toasts et de chansons.

AUBRUN. . . . . . . Souvenir, soieries en gros, fidélité aux camarades; loin des yeux, mais près du cœur.

LETURC. . . . . . . Élégance, amabilité, brosse à dents, cordialité, lime à ongles, affabilité, gants Jouvin, raie dans le dos, sympathie, commissaire du banquet, assurances contre l'incendie.

CHAPERON. . . . . Verve, combustibles pour locomotive, gaieté, entrain, chaleur..... (si nous changions de linge!)

GIRARD . . . . Demi-carabinier, mais camarade entier, — chevalier de la Toison-d'Or.

ANTOINE . . . . . . Beaux-arts, pralines, élans passionnés.

HAGUET. . . . . . . Éloquence, santé, appétit. (*Nota.* Aime trop le gigot et le café.)

CHEMIN. . . . . . . Exubérance, ampleur, coloris. (Ah! si un volume pouvait avoir quatre dimensions!)

LAURENT . . . . . . Pas pour deux liards de méchanceté; dépense bien plus pour son tabac.

SCHUHMANN. . . . . *Vranchisse!! Fifacidé!! Oplichance!*

BROCA . . . . Cupidon, Ingénieur des Tramways, pourri de
chic.

ALPHAND (Joseph) . . Entrepreneur entreprenant. Va-t-en ville et en
province.

LETOREY . . . . . . Cheveux crépus, cordialité, ameublements, volubilité. Va-t-en province et à l'étranger.

DE PONS . . . . Est banquier, vicomte et *compte*. Va partout. . . .
et même ailleurs.

DEFFOSSEZ . . . . . Dans lesquels l'amitié ne peut faire la culbute. . .

GAUTIER . . . . Monuments historiques, facéties, architecture,
boulettes de pain.

BOURGEOIS (Jeune) . Achille de prénom, mais plus bourgeois de
nature, et excellent comme caractère.

LAFUGE . . . . Est *fin* . . . . comme l'ambre.

BOURGEOIS (Auguste) A *faim* . . . . comme l'ogre.

GAUCHE . . . . Est *feint* . . comme nom.

BARDOUX . . . . . . Petit brun; prise un peu de tabac à jeun, et
beaucoup Alfred de Musset, dans l'autre
cas.

AMBROISE . . . . . . Nez à musique, petite vitesse, crâne pelé, sans-
gêne, trésorier de la Société.

BALADIER . . . . . . Secrétaire de la Société. . .! . . .?. . !!. . .??

---

23 Coups de Tam-Tam ! Feu d'artifice ! Flammes de Bengale ! Lumière
électrique ! . . . . . (appareils de Jarriant, homme de *piles*, qu'on est heureux
de voir de face. . . . .)

                 (*Le rideau tombe.*)

4146 — Imp. E. Gauche, 7, rue de Provence.

ALPHAND

(JOSEPH)

Ancien Sergent de la Légion du Génie auxiliaire

ÉTAIT attaché, à l'aide d'un congé devenu illimité par suite de fréquents renouvellements (ce qui le rendait plus élastique que le caoutchouc), à la Direction des Travaux de Paris, où il semblait exercer les fonctions de Piqueur des Promenades et Plantations.

Aujourd'hui, ce Pseudo-Piqueur est Entrepreneur de travaux publics et particuliers, propriétaire et marchand de vins limonadier.

Il a vu le jour et de beaux sites alpestres, pour la première fois, le jour de sa naissance qui eut lieu le 15 novembre 1834, au Val-des-Prés (Hautes-Alpes).

Mais les beautés de la nature n'éveillèrent pas son attention ce jour-là.

Malgré son caractère ferme et entreprenant, Alphand n'a jamais pu s'élever au-dessus d'une taille inférieure à la moyenne. Son altitude, eu égard à celle des beaux hommes, n'est point en rapport avec celle de son pays natal.

Tous les efforts qu'il a tentés dans le but de donner un grand déveveloppement à sa personne, dans la direction verticale, n'ont produit de résultats que dans le sens horizontal et circulaire.

Aussi notre camarade Alphand semble-t-il fait pour habiter des appartements bas de plafond, mais ornés de portes larges.

Malgré la distance qui sépare l'une de l'autre ses deux omoplates, il paraît avoir la conviction de n'être point encore arrivé à son maximum d'ampleur, car, en prévision d'un accroissement ultérieur, il habitue sa canne, qu'il promène à bras tendu, à conserver entre elle et son propriétaire une distance respectueuse..... qu'il a toujours l'espoir de combler.

Alphand s'occupe beaucoup de travaux de canalisation. Il a entrepris la pose des tuyaux destinés à conduire, de Lille à Roubaix, l'eau nécessaire à la fabrication de la bière et à la cuisine des naturels de ce pays.

Ce travail gigantesque, mené en très-peu de temps à bonne fin (et aussi à bonne soif pour les intéressés), a tellement émerveillé Ambroise, que notre Trésorier a supplié son ami Alphand de faire poser des conduites semblables entre les départements de la Seine et de la Loire, pour mettre en communication directe l'établissement de M. Colle, notre restaurateur. et les sources minérales de Saint-Galmier, pour lesquelles Ambroise a un faible très-fort.

Alphand a promis d'étudier la question; mais, moi, je crains bien qu'il n'en sorte que de l'eau claire, de quelque manière que cette affaire soit *conduite*.

Quant à *celle* d'Alphand, elle est très-bonne. Pour amener le jus de la treille ou celui du houblon de son verre à l'intérieur de son estomac, il n'a besoin d'autre travail que celui qu'exécutent facilement son avant-bras et son gosier.

Et, grâce à son tempérament robuste, il achève cette œuvre sans *tranchées*.

4114 — Pap. E. Gauche, 7, rue de Provence.

AMBROISE

(Alfred-Nicolas)

Ancien Sergent, Secrétaire particulier du Colonel de la Légion

Aurait pu s'appeler Augustin, mais son parrain ayant omis de le décorer de ce prénom, Ambroise abuse fréquemment de cet oubli en remettant au lendemain tout ce qu'il pourrait faire le jour même.

Il remplit dans notre Société les fonctions suivantes :

Trésorier-Comptable, Ministre des Finances et Surintendant des menus... gastronomiques.

Il encaisse cotisations,
Commande banquet, punch, etc.,

Goûte sauce et déguste vins,
Règle service et demande suppléments,
Discute prix des victuailles et boissons,
Rectifie addition sur la note à payer,
Rogne total,
Biffe centimes (et quelquefois une partie des francs),
Réduit dépenses à leur plus simple expression,
Embête gargotier,

Et... paie... enfin ! ce qui reste inscrit sur la carte en exigeant, en guise de quittance, un demi-kilo de mendiants et quelques douzaines de petits gâteaux pour sa fille.

. A la fin de l'année, il dresse par Doit et Avoir le bilan de nos ressources ; et après deux mois d'un travail des plus laborieux, il produit un état à peu près conçu de la manière suivante :

(A la première ligne).... *Reçu*.... Tant.

(Deuxième ligne)....... *Dépensé*. Tant.

(Troisième ligne)....... *Reste*... Tant.

Puis il certifie conforme.

C'est un peu court, mais ce compte est si exact !

Impossible de présenter un inventaire contenant moins d'erreurs...à moins, pourtant, de supprimer les trois dernières lignes du compte...

En dehors de la Société du Génie, Ambroise exerce, chez son beau-père, la profession de comptable, forgeron, ajusteur et frappeur-mécanicien ; et, il remplit, en outre, à la Direction des Travaux de Paris, les fonctions de Conducteur municipal, chargé du service des kiosques de marchandes de journaux. En cette qualité, il donne fréquemment audience à de nombreuses postulantes, âgées de 18 à 76 ans, qui abusent de la patience inaltérable de notre camarade, en lui racontant un tas d'histoires..... Pour se venger de la loquacité desdites *kiosqueuses*, notre ami, sous prétexte de prendre des renseignements indispensables, les interroge avec autant d'indiscrétion que de bienveillance, et leur demande leur âge, combien elles ont d'enfants, si elles sont mariées ou... non, de quelle nature sont leurs infirmités, etc., etc. Enfin, il fourre tellement son nez dans la vie privée de ces dames, que ces malheureuses ne savent plus où elles en sont et paraissent redouter, comme conclusion de cet examen minutieux, autre chose que des perquisitions verbales.

Mais, rendons justice à notre ami : il n'abuse des postulantes qu'en paroles seulement, et Jeanne d'Arc, elle-même, pourrait venir sans danger solliciter la concession d'un kiosque.....

Ajoutons que nos kiosqueuses écoutent ensuite les explications détaillées du camarade Ambroise, avec tout le recueillement dû à un fonctionnaire éminent, dont la calvitie prématurée atteste une profonde expérience des affaires administratives.

. . . .

Ambroise vit le jour à Balan (Ardennes) le 26 novembre 1840, par un brouillard tellement intense que le malheureux nouveau-né en contracta un rhume de cerveau incurable.

Depuis ce moment fatal, l'intéressante victime use beaucoup son existence, mais fort peu de mouchoirs de poche, en sécrétant bruyamment, toutes les trois minutes, une mucosité abondante qui ne paraît pas devoir bientôt s'épuiser.

A cet inconvénient naturel, Ambroise ajoute l'avantage factice de ne faire usage que de pendules qui retardent; de sorte qu'en se hâtant, il se rend, vers une heure de l'après-midi, à un rendez-vous où il est attendu depuis onze heures du matin. Quand je dis « *se hâtant* », c'est tout simplement une façon de parler. Ambroise est intimement convaincu que la précipitation est toujours contraire au bon ordre, et il ne voudrait pas, par ses actes, donner le moindre démenti à ses principes : il ne se hâte donc point. De plus, ayant constaté son impuissance naturelle à arriver à l'heure exacte toutes les fois qu'une nécessité impérieuse ne l'y contraint pas, il a bravement pris le parti de collaborer volontairement avec la fatalité au lieu de lutter contre elle.

Après avoir déchiqueté de son mieux l'étoffe quotidienne tissée pour l'usage des enfants de la mère Nature, il s'écrie vers quatre heures et demie (en un seul mot) :

« *Lagard'meurtetn's'rendpas!* Assez pour aujourd'hui! Serrons les clous et la camelotte! Demain, il fera jour! Faut pas nous la faire à l'oseille! Rentrez dans la tourte à papa! »

Et le lendemain, il reprend son œuvre avec une ardeur toujours nouvelle.

Dans la discussion, Ambroise, aussi tenace que Cambronne à Waterloo, garde le crachoir et ne le rend pas. Pour riposter à son adversaire, il n'attend pas que celui-ci ait cessé son feu; et, dans ce combat oratoire, il dirige, en se penchant vers l'interlocuteur qui lui résiste, son nez que prolonge en ligne directe l'index de sa main gauche, ce qui lui assure, dans cette position, un avantage matériel d'au moins soixante-quinze centimètres.

Au physique, Ambroise a le corps long,
— Le cou idem,
— Les bras dito.

— Les mains pareillement,
— Le nez aussi,
— Les jambes également,
— Et les pieds de même.

Il marche en tirant péniblement à sa suite l'une et l'autre jambe, comme s'il traînait deux lourdes guêtres de plomb.

Marques particulières :

Il a toujours froid. — Grelottant à l'automne, congelé en hiver, frissonnant au printemps, l'ami Ambroise vide, vers le milieu de l'été seulement, le contenu de son caleçon et de ses chaussettes de laine, en accordant à ces deux parties importantes de son vêtement cinq ou six semaines de vacances, tout au plus.

Il a le front très-vaste, par suite de l'annexion prématurée d'une partie de la surface de son crâne.

A quelques décimètres au delà, sa chevelure, plusieurs fois décimée, se replie en bon ordre vers la nuque, en éclaircissant les rangs avec ensemble et régularité.

De plus, Ambroise a l'avantage inappréciable de posséder une bouche tellement grande qu'il y peut fourrer sa tête tout entière. Seulement, de crainte de l'avaler, il a la précaution de la retenir par les cheveux qui lui restent, en serrant fortement les dents.

Ambroise possède un caractère toujours égal, une bonne humeur plus facile à altérer que son gosier, un cœur tendre, une tête ferme, et une passion immodérée pour le café noir.

Finalement, il n'est jamais pressé, quoi qu'il arrive (à quoi bon se fouler la rate ?) :

« Demain, il fera jour !..... répète-t-il souvent en invoquant le souvenir de Cambronne, *lagard'meurtetn's'rendpas !*..... »

Puis il va traîner ses guêtres jusqu'au lendemain, toujours gai, toujours content, toujours insouciant, en un mot, toujours lui-même.

2575 — Pap. E. Gauche, 7, rue de Provence.

ANTOINE

(Henri-Achille)

Ancien Sergent-Major de la Légion du Génie

Est né le 14 mars 1830, à Rueil, près Sèvres, patrie d'un genre de porcelaines que je n'ai jamais pu posséder, grâce aux rigueurs d'une destinée implacable qui toujours me sèvre de porcelaines.

Ce voisinage artistique exerça une heureuse influence sur le jeune Antoine qui, doué d'une grande facilité, parvint à réunir en lui, par la suite, une foule de talents divers. En effet, il est :

Calligraphe, paléographe, autographe, lithographe, photographe,

dessinateur, confiseur, enlumineur, généalogiste et marchand de chocolat.

De plus, il sonne de la trompe de manière à vous faire croire, suivant
la saison, que vous êtes à la chasse ou en carnaval.

Son magasin, toujours bien approvisionné, est le rendez-vous
habituel des parrains comme il faut; et ses sucreries, de qualité supérieure, font les délices des bonnes sœurs et des dévotes de son quartier.
Aussi est-il considéré par ces estimables personnes, comme un homme
bien pensant.

Grand, gros, large, profond, massif, trapu, notre camarade Antoine
semble avoir été coulé tout d'une pièce. Ça manque un peu de ciselure et
de finesse, mais c'est solidement bâti.

L'observateur examine avec une certaine surprise sa grosse patte
aux doigts courts et épais, maniant avec facilité, sur le vélin ou le par-
chemin, un pinceau microscopique ou un tire-lignes lilliputien. Pour
mieux se préparer à cette opération délicate, cette main épaisse a fendu
du bois, cassé du sucre, brûlé quatre ou cinq broches de café et remué au
besoin quelque fardeau pesant.

Antoine vide carrément son verre, afin de mieux le remplir; et son
cigare ne se consume si facilement que pour faire place au cigare
suivant.

Il remplit, outre son verre, les fonctions de sous-chef au Secrétariat
de la Direction des Travaux de Paris. Il y fait usage de deux timbres
humides qu'il applique fortement et alternativement sur toute feuille de
papier, imprimée ou manuscrite, qui lui tombe sous la main.

Pour exécuter convenablement ce travail, son bras puissant se
lève et s'abaisse tour à tour avec la régularité et la vigueur d'un balan-
cier. *Pif!* sur le tampon au bleu... *Paf!* sur la feuille de papier...
Une!... Deusse!...

La table gémit sous le coup. Le couvercle de la boîte à bleu sursaute
à chaque choc. Rien n'arrête ce moteur automatique. *Pif!* sur le bleu...
Paf! sur le papier... *Une!... Deusse!...*

Pas de quartier jusqu'au dernier feuillet. Tel un marteau tombant
sur l'enclume, forgeant le fer incandescent. *Pif! Paf!* Allons! un peu de
patience! La montagne de papier n'a plus qu'une épaisseur de soixante cen-

timètres. Il en reste à peine pour cinq ou six quarts d'heure. *Une!*...
Deusse!

En vain, la table de chêne se fendille, le plafond se crevasse, les
murs se lézardent, le palais du Luxembourg oscille sur ses fondations,
Antoine demeure impassible.

> Son poignet, ébranlant la voûte colossale.
>
> Fait bondir, hors des gonds, la porte de la salle.

Le terrible Arpin, esclave du timbre et du devoir, poursuit jusqu'au
bout l'accomplissement de l'œuvre infernale qui brise le tympan de ses
collègues. *Pif!* sur le bleu ... *Paf!* sur le papier ... *Une!* ...
Deusse!...

Vainement, avons-nous cherché, mes camarades et moi, à faire
comprendre à notre ami Antoine qu'il ne perdrait ni un centimètre de
considération ni un décigramme d'importance en modérant légèrement
le jeu gracieux de son biceps. Tous nos arguments ont été repoussés
avec perte... et fracas toujours croissant.

« Je ne tape pourtant pas de toute ma force, répondait-il, et puis il
faut bien que ça se fasse! »

Rien à répondre à cette explication. Elle était exacte en tous
points : la besogne devait se faire et, en outre, Antoine aurait pu taper
beaucoup plus fort.

Et dire qu'il y a des gens qui se plaignent d'habiter dans le voisinage d'une usine où l'on fait usage de moutons et de marteaux-
pilons!!! et qui réclament à cor et à cris des enquêtes de *commodo* et
incommodo.

Voilà notre situation! Elle est lamentable! Mais, tout en respectant
profondément la conviction sincère de l'ami Antoine, nous avons fait
prévenir secrètement l'architecte de l'Administration, afin qu'il puisse
prendre les dispositions nécessaires pour faire étayer solidement le monument de Marie de Médicis.

Le camarade Antoine a complétement renoncé à faire concurrence à
Absalon sous le rapport de la chevelure. Son dôme dégarni pourra, dans
quelques années, rivaliser avec celui d'Ambroise, à condition toutefois

que celui-ci consente, pendant ce temps, à suspendre son travail de déboisement capillaire.

Le nez d'Antoine ne vise pas à l'élégance, mais il est solide et large de base comme son propriétaire. Chose remarquable : les appendices cartilagineux d'Ambroise et d'Antoine sont dans le même rapport que leurs possesseurs, et l'on pourrait avec ces données, établir une proportion géométrique fort exacte. Celui de notre trésorier est plus long et plus fluet, mais son rival, plus large et plus épais, doit cuber davantage.

S'il faut en croire notre ami Antoine, ses succès près des femmes sont nombreux et variés. Il aime à raconter ses prouesses amoureuses, que nous écoutons avec plaisir : notre instruction en ces matières ne pouvant que gagner à l'audition des paroles du maître. Quant à l'exactitude de chacun de ces récits, je crois qu'il serait bon d'en rabattre un tantinet, la langue d'Antoine jouant, en ces sortes d'affaires, le rôle le plus considérable.

Notre ami se recommande, d'ailleurs, à l'attention du beau sexe par ses qualités brillantes et sa complexion vigoureuse. Il fréquente assidûment les belles, et il obtient facilement, chez elles, les petites ou les grandes entrées. Du reste, toujours disposé à leur plaire, il ne néglige rien pour les contenter, et il les charme surtout par l'organe de la parole. Il vole ainsi de succès en succès, car s'il n'est pas... joli, joli..., en revanche, il est si... aimable.

4147 — Pap. E. Gauche, 7, rue de Provence.

AUBRUN

(Jean-Henri)

Ancien Sergent d'habillement et de nourriture à l'État-Major du Génie

Né le 6 Février 1847, à Paris.

A la suite de nos premiers revers, en 1870, on prévit, dans la télégraphie militaire, le cas où nos lignes électriques seraient coupées par l'ennemi.

En conséquence, on se hâta de donner les ordres nécessaires pour pouvoir parer à cette redoutable éventualité.

A cette époque, mémorable à plus d'un titre, Aubrun manœuvrait dans les rangs de la garde mobile de la Seine (4ᵉ Bataillon). La vue de cette asperge montée attira tout d'abord l'attention des gros képis télégraphiques et leur inspira le désir de s'attacher notre ami pour se servir de lui, à un moment donné, comme poteau télégraphique.

Aubrun subit avec succès l'examen de rigueur et fut admis à manipuler le Morse et le Bréguet. En outre, on lui fit présent d'un beau galon d'or pour orner sa casquette.

Ce galon n'était qu'un leurre. Il cachait un fil!!..... de fer qu'on avait l'intention de faire passer plus tard dans les bras et les jambes d'Aubrun pour lui faire remplacer l'appareil Chappe, au cas où les appareils électriques feraient défaut.

Aubrun accepta le galon. Mais sitôt qu'il pressentit le rôle qu'on voulait lui faire jouer, il renonça à cet honneur inattendu, déploya vivement ses quatre échalas, et, en sept enjambées, il rejoignit son bataillon au fort d'Issy. Quinze jours après il était artilleur; mais notre Légion l'attirait : il vint, il vit, il plut! On l'incorpora. D'où sa splendeur !

Norbert Bardoux, sergent-major de l'habillement, apprécia de son coup-d'œil d'aigle tout le parti qu'on pouvait tirer immédiatement d'un si bel homme, qui possédait l'avantage immense de pouvoir boutonner à la fois ses deux guêtres sans se baisser.

Pendant que le major Norbert et ses innombrables secrétaires fumaient autour des vareuses pour les préserver des vers, les grands bras d'Aubrun enlaçaient avec aisance douze douzaines de capotes enfumées au degré voulu. Les échasses de notre ami transportaient le tout dans la cour, pour revenir véhiculer une nouvelle brassée de vêtements. Chacun de ces voyages s'exécutait en une demi-enjambée.

Ce spectacle était attrayant! Nul n'avait jamais vu rien de pareil.

Le grand cou d'Aubrun dominant la multitude se dressait comme un peuplier au milieu des herbes folles et inspirait à tous un respect silencieux.

Ce transport s'effectuait avec une telle rapidité que toutes les pipes de l'état-major avaient peine à suffire au travail préparatoire de la préservation.

En fort peu de temps, Aubrun équipa la Légion du Génie à lui tout seul, puissamment aidé dans son rude labeur par Bardoux et ses Sous-Norberts qui, la conscience pure et l'estomac chargé de bière, *insecticidaient* les vareuses à outrance, pendant que le capitaine d'habillement, chargé de la haute direction de la manœuvre, bourdonnait autour du coche en s'embarrassant les jambes dans son grand sabre.

La Légion entra en campagne. Aubrun qui l'avait habillée fut chargée de la nourrir. Nuit et jour, on le vit errer, suivi de de Pons, sur les routes qui menaient du camp à Paris et de Paris au camp. Que de mètres d'étoffe ces deux puissantes navettes n'auraient-elles pas tissées, si elles eussent eu un fil à la patte !

Jamais, ô mes frères, l'état-major du Génie ne témoignera trop de reconnaissance à Aubrun et à Haguet, dont les deux couperets de Damas, l'un *intra muros* et l'autre *extra muros*, dépéçaient notre viande (?) quotidienne.

Pas d'obstacles pour Aubrun en campagne. Par chaque ration refusée par l'Intendance, il en chipait deux. Grâce à lui, on mangea un peu à sa faim et on but beaucoup à sa soif.

Vous souvient-il, ô mon colonel, du fromage de Chester qu'il eut l'adresse d'arracher des griffes de l'amiral commandant le fort de Rosny ?

Les camarades d'Aubrun n'en eurent que la vue, mais Schuhmann en grignota au moins la croûte.

Pour reconnaître tant de cœur et de dévouement, on avait surnommé Aubrun... (j'ose à peine le dire !)... le grand uhlan ! O ingratitude ! ô perversité ! C'est bien la peine de n'avoir jamais été soldat, d'être nommé d'emblée sergent dans un corps spécial, de faire partie d'un petit état-major particulier et de posséder le grand Aubrun comme pourvoyeur !

Aujourd'hui, le camarade Aubrun joue, dans notre Société *banqueteuse,* le rôle du Monsieur qui, après avoir retenu une stalle numérotée, va faire un tour de promenade le jour de la représentation.

Une fois l'an, à la saison des affaires (commerciales ou de famille), notre Aubrun franchit l'espace qui sépare notre siége social de la patrie du meilleur saucisson, et se présente au guichet du Trésorier.

Il accomplit cette mission avec la ponctualité d'un électeur politique venant s'assurer, en temps utile, si son nom figure toujours sur les listes, et retirant sa carte d'électeur, quitte à ne pas s'en servir.

De même, Aubrun versant sa part d'un banquet auquel il n'assistera pas !

Notre malheureux ami n'a même pas la satisfaction qu'éprouve l'électeur en emportant fièrement le certificat de ses droits politiques, car Aubrun ne reçoit pas de récépissé. D'abord, notre Trésorier n'en donne jamais! Au contraire. Lors du versement d'une première mise, il exige une déclaration de versement datée et signée. Ce n'est que sur mes instances personnelles, qu'il renonça jadis à faire produire des certificats de vie, de vaccine et de bonnes mœurs.

Aubrun, qui connaît la toquade du Trésorier, se garde bien de demander le moindre reçu. Sitôt la visite terminée, il consent, après bien des pourparlers, à rester pour dîner ou pour déjeûner... lors de son prochain voyage.

Il serre ensuite la main du Président, étreint les phalanges du Secrétaire, secoue les extrémités digitales du Trésorier et se retire en recommandant bien à cette Trinité du banquet de lui conserver soigneusement sa place à table, son numéro matricule sur les registres, et... son assiette propre.

Puis il repart pour une année et pour le chef-lieu du département du Rhône.

Nul de nous n'a oublié ce bon et sympathique ami, dont le caractère charmant et la gaieté inaltérable ne pourront jamais s'effacer de notre souvenir. Aussi formons-nous tous des vœux sincères pour que le camarade Aubrun puisse faire coïncider désormais ses voyages à Paris avec l'époque de nos réunions amicales et gastronomiques! et que sa franche et loyale figure y soit représentée autrement que par ses bonnes et aimables lettres dont notre Président donne lecture à chacun de nos banquets.

BALADIER
(Paul-Charles)

Ancien Chargent de l'étamag, hors du génie.

Est né, le 24 janvier 1834, à Lille (Nord), ex-Flandre.

Enfant, Paul-Charles avait tellement de goût pour la musique qu'il s'engagea volontairement à 14 ans dans la garde nationale de son pays... comme petite flûte! Aussi, dans nos banquets, trop rares, hélas! c'est l'opinion personnelle et pantagruélique de l'auteur, (1) nous donne-t-il de charmants échantillons de son joli talent sur le piano.

---

(1) La mienne aussi, Haguet!

B.

Après une jeunesse calme et paisible, notre camarade atteignit l'époque où la loi invite chacun de nous à interroger le destin sur ses aptitudes militaires!!

Paul-Charles, peu épris des charmes de la cantinière Bellone, plongea, en tremblant, sa main dans l'urne consacrée. Mais le colonel Mars, dieu des combats et de la bonne bière, le surveillait de près : Paul tira, hélas! le n°... 46!

Ah! c'est un bien beau numéro que le 46!

Paul le pensa probablement, mais se garda de le dire tout haut! N'ayant pu suborner le Conseil de révision (ah! il y a dans ce monde des gens bien désagréables!), Charles-Paul partit résolûment.

Malheureusement, il n'avait pas de vocation pour la corvée de quartier! (Il y a également sur cette terre des gens bien dégoûtés!)

Enfin, on l'envoya en Afrique!

O négresses! ô mauresques! ô bédouines! qu'avez-vous fait de lui, dans ce continent moins brûlant que vos cœurs!

Dans quel océan de délices l'avez-vous baigné! A la suite de quels enivrements développâtes-vous en lui les instincts qui l'animent aujourd'hui?

Jadis, avant de s'africaniser, Popol, timide échalas de 56 kilog., osait à peine lever les yeux sur le sexe d'en face! Aujourd'hui, il ne se contente même plus, dit-on, du tête-à ..-tête?

Quand il rencontre un minois agréable, on le voit, d'une langue passionnée, humecter deux lèvres sensuelles. Mais, tais-toi, son cœur: c'est l'Africaine (pas celle de Meyerbeer) qui l'a mis dans cet état.

Le beau sexe et la musique exercent sur l'homme une heureuse influence, surtout quand ces deux éléments sont combinés. Baladier en ressentit les effets.

« Ce sergent-fourrier pianote, s'écria un jour le *gén'ral comm'dant* la *sub'v'sion* de Dellys, et il peut donner des leçons de musique à ma fille: donc, il sera mon Secrétaire! »

Sitôt dit, sitôt fait!

Popol, à l'hôtel du général, dressait les états de semaine, de dizaine, de quinzaine, de trimestre, de semestre, et le reste... Puis, grimpant un étage, il se rendait près de la fille de son supérieur pour cultiver avec elle l'art de Mozart et de Beethoven.

Quant à Bellone, il n'en était plus question !

Plus tard, on retrouve Paul-Charles au secrétariat (encore!) du Directeur des Travaux de Paris. (J'ai nommé M. Alphand, notre ancien et illustre colonel!)

La Défense nationale le surprit dans ce poste, et nous dûmes aux événements l'avantage de l'avoir pour *chargent* instructeur.

Plein de foi dans ses robustes poumons, Popol exerçait de grand cœur ces nobles fonctions. Son organe sonore lançait l'harmonieux : « *Gard'vôô!*... *P'ton!*... *Portéeeeez*... *r'm'!*... *En avaannnt!*... « *arch!!*... » comme s'il eût commandé un bataillon entier, au lieu de sept à huit sergents-piqueurs-conducteurs-contrôleurs, etc., du service municipal.

La voix de notre ami, franchissant les toits et les murs de l'Hôtel-de-Ville, faisait même, à son insu, manœuvrer de nombreux pelotons de gardes nationaux dont les instructeurs s'humectaient le larynx chez les *mastroquets* voisins.

Aujourd'hui, la voix puissante de notre Secrétaire ne met plus en mouvement la Légion .. des sergents hors cadres; mais sa plume nous convie à des travaux plus doux. Quand j'y songe, je sens passer sur ma langue un petit frétillement bien caractérisé.

Baladier, que vous connaissez plus intimement maintenant, est bien le vrai type gaulois, au physique et au moral.

Popol est gourmand... je veux dire gourmet. Il recherche d'abord la bonne qualité et la saveur des mets, la quantité ensuite. Plus c'est bon, plus il en mange. Il raffole aussi des fruits : après avoir becqueté quelques cerises vermeilles et goûté de plusieurs pommes fermes et plantureuses, il savoure l'abricot avec délices.

Dans le but de faciliter sa digestion, il arrose fréquemment les aliments qu'il absorbe. Il aime le bordeaux, préfère le bourgogne, adore le champagne et se délecte avec le fin moka.

Il a été surnommé *Fine-Gueule* par son copain le Trésorier.

Poivre et sel aujourd'hui, l'ami Baladier fut jadis blond et fort chevelu. Sa forte moustache, roussie par le soleil d'Afrique, présente aussi aux regards de nombreux crins aussi épais qu'argentés.

Le camarade Charles-Paul, qui a toujours trop chaud, est l'antithèse vivante du Trésorier, Jean-qui-Grelotte. Pendant huit mois de l'année,

Jean-qui-Sue ruisselle rien qu'en marchant et n'attend pas la venue des jours caniculaires pour rendre douze points de trente aux fontaines Wallace.

En dépit de son humidité perpétuelle et de sa corpulence (il engraisse !) notre Secrétaire est très-actif. Outre ses fonctions bureaucratiques diurnes au Secrétariat des Travaux de Paris, il s'occupe beaucoup de notre Société, puis de travaux de banque, de calligraphie, d'albums de poésie et autres. Le soir, pour se reposer, il essaie le gaz de la Ville de Paris, dans les chambres d'expériences *ad hoc*.

Dans un bouquet d'amis, notre Paul-Secrétaire-Baladier représente une rose... garnie de toutes ses épines.

Esprit frondeur, critique, satirique, caustique, il pique à tout propos... et même hors de propos. Rien n'est sacré pour Baladier. Tout est but pour ses flèches, parfois un peu acérées.

Sachons cependant reconnaître qu'il serait le premier à venir panser la blessure qu'il aurait pu causer involontairement à un camarade. J'ai dit : « involontairement », car si la blessure était volontaire, peut-être bien que notre camarade ne la cicatriserait qu'avec une flèche nouvelle.

Il raille sans pitié tous les défauts d'autrui. Tous !... excepté ceux qui ressemblent aux siens et qui sont inhérents à son caractère vif et moqueur.

Baladier a donné un fort coup d'épaule au char de notre Société, empêtré le 14 décembre 1872. L'un des sept de la commission de réorganisation, il aida ses six copains à retirer de l'ornière les roues de notre charmant véhicule, profondément embourbé à la suite d'une discussion... un peu vive.

C'est notre Secrétaire et notre biographe. Mais c'est surtout notre ami et nous savons tous que ce dernier titre est celui qui lui fait réellement le plus de plaisir et qu'il ambitionne de toujours conserver.

HAGUET..... & Cie

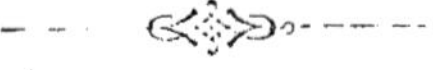

BARDOUX

(Norbert)

Ancien Sergent-Major de la Légion du Génie

Né à Lorient (Morbihan), le 17 janvier 1841. N'est ni grand, ni gros, ni large, ni lourd, ni dodu. C'est petit, mais c'est nerveux, serré, vif, pétulant, sémillant. Ce qu'il ne possède pas en volume, il le regagne en densité et en activité : de la pâte de Breton pétrie avec du levain méridional.

Inutile d'ajouter qu'il est brun, très-brun même : un Bardoux blond serait un non-sens. Sa barbe d'ébène émerge de ses joues, en se dressant sur ses racines comme son propriétaire sur la pointe de ses pieds. Pour ne point déparer un habit noir surmonté d'une cravate blanche, cette barbe exigerait, au minimum, douze fauchées par semaine.

Heureusement que notre ami Bardoux ne se trouve point dans la nécessité de faire patiner aussi fréquemment son visage par les mains mal essuyées d'un garçon coiffeur! Loin de là! D'ailleurs, notre camarade, qui sait que l'habit ne fait pas le moine, dédaigne, avec juste raison, la recherche dans la parure et professe un certain mépris pour les ajustements frivoles.

Comme Bardoux ne s'élève guère au-delà de 1^m 5649 au-dessus du niveau de ses semelles, il tient son corps bien droit afin de ne perdre aucun des rares centimètres dont la parcimonieuse Nature l'a gratifié. Cette attitude verticale a fortement contribué à lui rendre l'échine peu souple, et, par suite, la courbette difficile.

Petit mangeur, mais convive joyeux, Bardoux montre à table un entrain toujours croissant. Au dessert, il cause littérature et poésie :

Il parle de Lamartine, au premier verre (pardon!);

À la rasade suivante, il loue Victor Hugo;

Un verre de plus et il vante Alfred de Musset;

Plus tard, il récite les vers de ce dernier poëte ; et, avec un peu de mémoire et un supplément de quelques bouteilles, on peut, vers minuit un quart, savoir à peu près *Rolla* par cœur.

A la suite d'une libation nouvelle, il repousse les auteurs contemporains avec le dédain qu'inspirerait un zeste de citron dont on a exprimé les dernières gouttelettes.

Alors, aux vers français succède le latin, et l'on entend citer Horace. Quand Bardoux ne peut plus articuler de citations latines sans bredouiller, il s'en tient au : « *Sunt quos curriculo!* » qu'il répète avec une persévérance sans égale.

Ce membre de phrase qu'il réitère à intervalles égaux et rapprochés, rappelle par sa fréquence le : « *As-tu déjeûné, Jacquot?* » d'un perroquet, ou mieux encore, le perpétuel reniflement d'Ambroise.

Impossible d'arrêter la manivelle ni de changer d'air.

Arrivé à ce moment psychologique, il faut prendre sa patience à deux mains en prenant bien garde de la laisser échapper, et trinquer à toute réquisition en approuvant continuellement du geste et de la voix.

Il faut surtout bien se garder de profaner le fameux : « *Sunt quos curriculo !* » en le répétant aussi fréquemment que son propriétaire. Ce serait une grave imprudence ! Vous verriez alors le petit coq relever vivement sa crête et se dresser menaçant sur ses ergots.

Cette expectoration de latin s'arrête instantanément en mettant le pied dans la rue. Mais la douche d'air froid, qui produit cet effet, n'agit toutefois que comme dérivatif, car Bardoux exerce aussitôt son infatigable activité sur tous les objets qui se trouvent à sa portée.

Pendant le siége de Paris, notre ami Bardoux, investi de la confiance de son capitaine et du grade de sergent-major, s'est occupé très-activement de la comptabilité relative à l'habillement des hommes de notre Légion.

A l'entresol du n° 3 de la rue de la Coutellerie, dans une sorte de petit cabinet demi-obscur, bas de plafond, et prenant jour (?) sur une cour étroite, on pouvait apercevoir une petite table carrée autour de laquelle quinze ou vingt sous-officiers de l'État-major du Génie placés sous les ordres de Bardoux, noircissaient force papiers en culottant force pipes.

Entre ce bureau improvisé et le mur opposé à la fenêtre, des monceaux de vareuses, des piles de pantalons et des pyramides de havre-sacs s'étageaient symétriquement du plancher au plafond. Les interstices libres avaient été soigneusement calfeutrés par Bardoux à l'aide de cartouchières, de ceinturons, de bidons et de gamelles.

Aucun baril de Hollande, recélant en ses flancs trop étroits une cargaison de nombreux harengs saurs, n'aurait pu donner une idée suffisamment exacte de cette salle et de son contenu ! Pour comble de ressemblance, tout le monde fumait... et était fumé !

Dans cette case, un peu plus grande qu'une boîte à dominos, outre Norbert, outre les habits, outre le mobilier, outre les vingt secrétaires, on avait pu faire entrer, par surcroît, une quinzaine de pipes ; et, chose inouïe, on avait pu trouver le moyen d'y loger la fumée de tabac.

Au bout de trois minutes, Bardoux, ses vareuses et ses compagnons disparaissaient entièrement dans une atmosphère gris-bleu foncé, tellement épaisse que le couteau le mieux affilé n'eût pu la découper.

. . . .

Bardoux n'a point l'habitude de cacher son baromètre dans

sa poche. Sa nature franche s'y oppose énergiquement. Il est facile de suivre, à l'œil nu, les variations de l'aiguille passant, selon les circonstances, du beau fixe au variable. La prompte transformation d'un crayon neuf en petits copeaux, à l'aide d'un canif, indique *tempête*. Il en est de même quand il taillade, avec ledit instrument, son bureau ou celui de son voisin.

Mais les bourrasques sont fort rares; et le caractère de Bardoux, quoique entier, est bon et agréable, quand il ne rencontre point sur son chemin d'arbustes qui le gênent.

N'est-ce pas, Norbert?

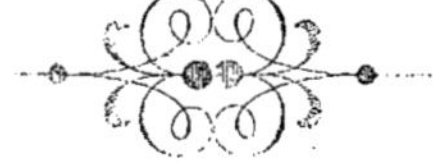

BOURGEOIS

Ancien Lieutenant de la Légion du Génie auxiliaire

Né à Heubecourt (Eure), le 4 mars 1840.

Notre ami Bourgeois reçut de son belliqueux parrain les prénoms d'Achille-Adrien. Selon les idées de ce second père, le patronage d'un guerrier grec et d'un empereur romain, joint à l'usage fréquent de petits fusils ou de trompettes à treize sous, devait entretenir dans cette jeune âme le feu sacré qui assure aux Français la gloire et la victoire.

Après avoir crevé consciencieusement les tambours, Achille entra chez... un pâtissier, en qualité de pâtronnet! A cette terrible nouvelle, le pauvre parrain faillit succomber à une attaque d'apoplexie foudroyante.

Hercule fila, dit-on, aux pieds d'Omphale. Pourquoi blâmer un garçon novice d'avoir préféré le maniement du moule à gâteaux de Savoie à celui de la clarinette de cinq pieds?

Tandis que le petit Achille, délaissant Mars pour Carême, gâchait de son mieux la pâte à brioches, son malheureux parrain, en proie à une douleur amère, pâtissait bien cruellement de la détermination de son filleul ingrat!

Vainement tenta-t-il d'ébranler sa résolution. Remontrances, taloches, prières, menaces, promesses, coups de soulier..., rien n'y fit! Achille garda sa veste blanche, et son parrain remporta la sienne!

O souvenirs d'enfance, qu'êtes-vous devenus? O crème et fesses fouettées! ô éclairs de jeunesse et au chocolat! ô sucre et culottes râpés!

En dévorant le résultat de ses nombreuses erreurs, notre jeune pâtissier songeait parfois à son parrain, dans le silence du laboratoire, et il se demandait si sa vocation était bien réelle.

Les pièces montées élevaient peu à peu son âme vers le beau idéal, en lui donnant le goût de l'architecture, et, tout en feuilletant la pâte beurrée, il désirait vivement feuilleter les ouvrages traitant de l'art de construire.

Il est bon, il est louable même de fourrer du beurre dans les tartes des clients, mais il est mieux d'en mettre dans ses propres épinards. Ainsi pensa Bourgeois.

L'estomac surchargé du poids de ses fautes, Adrien s'apercevant qu'il avait fait four, quitta celui de son patron pour entrer dans le Service des Promenades et Plantations, compartiment de l'Architecture.

Chargé de l'entretien des bâtiments des bois de Boulogne et de

Vincennes, Achille Bourgeois remplit, depuis cette époque, ces fonctions importantes avec le soin le plus minutieux.

Sous son œil vigilant, le mortier se gâche avec les mêmes précautions que la pâte à brioches, le plâtre est soigné comme crème à la vanille et la meulière n'a rien à envier au nougat.

Bref, notre pâtissier-architecte ne tolère qu'une manipulation de choix. Aussi son travail est-il digne des palais les plus raffinés et les plus somptueux !

Enfin, pour consoler son parrain de la peine qu'il lui avait causée jadis, Bourgeois redevint Achille. Il embrassa la carrière des armes avec ardeur, et fut bientôt nommé lieutenant dans la Garde... Nationale de Neuilly-sur-Seine.

Aujourd'hui, calme et rassis comme un gâteau de huit jours, Adrien fait mijoter tout doucettement le pot-au-feu de son existence. Sa sérénité semble inaltérable; mais il n'en est point de même de son gosier.

La brioche se digère mal sans un verre de bon vin, et Achille s'en régala tellement, autrefois, qu'il en contracta une soif qui passa bientôt à l'état chronique.

Enfin, notre camarade Bourgeois, bon chasseur, bat le bois et la plaine dès l'ouverture de la chasse et, plus heureux que son frère aîné, il abat force gibier de poil et de plume.

5170 — Pap. E. Gauche, 7, rue de Provence

BOURGEOIS

(Auguste)

Ancien Sergent de la Légion du Génie auxiliaire

Estomac d'élite et conducteur du Service d'Architecture des Promenades de Paris, né. le 25 novembre 1836, à Heubecourt (Eure).

Bourgeois (Auguste), dit Belle-Fourchette, est le héros d'une des plus palpitantes histoires qu'on ait jamais ouïes.

Tout d'abord, déclarons solennellement. dans l'intérêt de la vérité et par-devant les camarades du Génie, que Bourgeois Auguste n'est pas... Auguste Bourgeois. Victime de la fatalité, il fut échangé, en nourrice, contre un.....; mais avant de faire des révélations plus complètes, promettez-moi la discrétion la plus absolue. Je désire ne pas être l'objet de poursuites judiciaires.

Confié aux soins d'une robuste nourrice aux mamelles fécondes (35 francs par mois, sucre et savon non compris), le jeune Bourgeois eut pour frère de lait un énorme bambin, dont la voracité ne laissait nul repos au sein maternel.

Cette forte paysanne, jadis si dodue, était devenue sèche comme une bouteille de Saint-Galmier qui a passé entre les mains d'Ambroise.

Ainsi réduite à sa plus simple expression, la malheureuse mère prit le parti héroïque de se débarrasser de la ventouse filiale qui l'épuisait. Elle remit à la famille Bourgeois, au lieu et place du nourrisson qu'on lui avait confié (35 francs par mois, etc.), le vampire qui menaçait d'une ruine complète, pour l'avenir, d'honnêtes parents trop peu fortunés pour subvenir aux besoins futurs de la fourchette de leur progéniture.

Il était temps ! Les tetons de cette mercenaire étaient concaves et sa poitrine fraternisait avec son dos !

Jamais la famille Bourgeois ne se douta de cette supercherie canaille; mais, je vous en supplie, ne dévoilez jamais ce mystère.

Aujourd'hui, ce gros poupon suçote avec facilité à son déjeûner, une ou deux douzaines de côtelettes, un décalitre de pommes sautées, un gigot, un demi-roquefort et un kilogramme de mendiants, le tout humecté d'une demi-feuillette de bordeaux.

A la chasse, il ne prend, aux heures de halte, que cinq ou six tranches de jambon mollement étendues sur une couche d'omelette de trois centimètres d'épaisseur.

Mais, revenons à la jeunesse d'Auguste.

A peine au sortir de l'école, Bourgeois fut placé dans un magasin de nouveautés, à des conditions fort avantageuses... pour les auteurs de ses jours.

En effet, il déplia de l'indienne, auna du calicot et vendit des bonnets de coton, sans aucune rétribution pécuniaire.

Seulement, il était *nourri!!!*

Nourri!!! que de choses dans ces six lettres. Papa et maman Bourgeois, au comble de la joie, sautaient comme deux cabris à l'annonce de cette agréable nouvelle; maman Bourgeois surtout, qui remplissait habituellement l'assiette de Gugusse onze fois dans un même repas.

Quand l'honorable patron du jeune Bourgeois fit l'inventaire, il faillit se trouver mal en constatant l'augmentation insensée de ses frais généraux... de cuisine; et, pour ne point déposer son bilan six mois plus tard, il remercia poliment notre camarade.

Le Service municipal de Paris ouvrit alors ses portes à Auguste Bourgeois qui débuta (amère ironie du sort!), dans le service de... la... vidange!!!

Ici, j'éprouve le besoin pressant de me soulager un instant. L'émotion me gagne...

Je reprends :

Que voulez-vous? Il faut bien manger et se procurer une certaine aisance. Bourgeois avait senti cette impérieuse nécessité, et il n'avait pas le choix. Ce n'est, d'ailleurs, pas le cas de blâmer notre ami. En semblable matière, chacun de nous eût fait comme lui. Du reste, Auguste, qui n'avait pas toujours eu ses commodités, était si content d'avoir un emploi à la Ville, qu'il ne se sentait plus de joie.

Cependant, il avait hâte de permuter. A la première occasion favorable, il évacua son poste pour entrer au bureau de l'Architecture des Promenades et Plantations, où il est encore aujourd'hui.

Pendant le siége de Paris, notre ami, d'abord sergent-major à la 1re du 1er, fut remis sergent à la suite des élections; et, plus tard, afin de n'avoir pas à lui fournir les vivres de campagne, ce qui eût rendu inévitable la production de bons supplémentaires, on le réintégra dans ses fonctions bureaucratiques. (Ordre du major de la Légion.)

Auguste ne rate jamais l'ouverture de la chasse, mais il revient souvent bredouille. Cela ne me surprend point. La vue d'un lièvre ou d'un perdreau lui cause tout à la fois, une émotion et une fringale si fortes qu'il lui est impossible d'ajuster. Alors, paf! c'est un coup de fusil et un coup de fourchette perdus, sans compter le plomb et la poudre.

Le carnier vide et l'estomac creux, Gugusse rentre avec la ferme intention de prendre, à table, une revanche éclatante.

Et il tient plus que sa parole !

C'est à ce moment qu'il faut contempler le travail de sa bonne fourchette de Tolède. On admire et l'on frémit à la fois. Si l'ogre du Petit-Poucet ou Gargantua osaient, en personne, concourir avec Bourgeois Auguste, le plus terrible de ces deux adversaires n'aurait droit, bien certainement, qu'à un simple accessit.

Malgré tout, les qualités de notre camarade sont en rapport avec ses fonctions digestives. Bon estomac n'a point de fiel. Il suffit, pour s'en convaincre, de voir

> « L'ami Bourgeois, dans sa maison,
> « Le dos au feu, le ventre à table. »

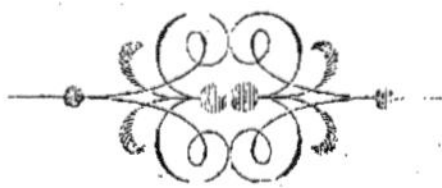

5154 — Pap. E. Gauche, 7, rue de Provence

BROCA

(Georges-Alphonse)

Ancien Lieutenant à cheval, **Officier d'ordonnance du Colonel commandant**
la Légion du Génie

Le siècle avait quarante-neuf ans, Février remplaçait Janvier depuis trois jours. Tous les membres-fondateurs de notre Société étaient déjà nés,

Sauf Broca. — Lacune !

Alors, ce jour-là, dans Alger, vieille ville de la Barbarie, métropole du pays où mûrit l'orange, où grouille le Bédouin, où trotte le chameau,

Naquit Georges Broca, la future coqueluche des cantinières de la Légion du Génie.

Les rivages riants de la Provence et de l'Algérie se disputèrent longtemps la possession de ce jouvenceau. Dès sa plus tendre enfance, Georges-Alphonse, déjà volage, quittait Marseille pour Alger, puis Alger pour Marseille.

La Méditerranée berça notre jeune ami sur ses flots bleus, et bien des navires le déposèrent tour à tour sur l'une et l'autre rive.

Ce jeu d'escarpolette maritime s'exécuta dix-sept fois. Enfin, cette balançoire navale s'arrêta :

La France avait gagné la partie.

Pour dédommager l'Algérie de la perte qu'elle avait faite, Broca monta plus tard un cheval arabe, pendant le siége de Paris.

On dit que les voyages forment la jeunesse : notre jeune officier d'ordonnance en donna une preuve nouvelle. En effet, sa main gauche tenait encore un bâton de sucre d'orge, que sa main droite traçait déjà, d'un tire-lignes assuré, un dessin de machine, à l'école centrale.

Sa barbe n'attendit pas non plus le nombre des années pour s'étaler en éventail sur le gilet de son maître. Précoces tous deux, l'un tire les poils de l'autre avec complaisance.

Enfin, Georges était assez âgé pour se débarbouiller tout seul, quand il termina ses études. Le moment de tâter le pouls à sa vocation était arrivé, lorsque la guerre éclata. Et notre Légion, qui avait un faible pour les natures jeunes et vigoureuses, s'attacha cet adolescent.

A peine incorporé, Broca était déjà officier d'état-major, de plus lieutenant, en outre aide-de-camp du colonel, enfin... à cheval!

Il parut! A sa vue, une agitation vive et prolongée se produisit dans la partie féminine de la Légion. Les cantinières palpitèrent d'émotion, leurs mains tremblèrent en versant le petit verre traditionnel, et leurs yeux lancèrent des œillades assassines.

Mais, moins terribles que les Bacchantes à l'égard d'Orphée, ces dames ne mirent point notre camarade en pièces,... d'abord parce que ça ne se fait plus ; et ensuite, parce que… lorsque Georges quittait une Eurydice… il en reprenait deux.

La guerre terminée, Broca descendit de cheval. Il entra au chemin de fer de l'Est et construisit le prolongement de la ligne si distinguée de Vincennes, avec embranchement sur Cythère.

Broca était sur les chantiers du matin au soir, et du soir au matin, toujours debout, toujours actif, toujours ardent, toujours à cheval… sur son nouveau métier.

O vous ! qui l'aviez vu jadis, vous eût-il été possible de reconnaître Cupidon, dit Dieu d'Amour, sous cet affreux travestissement de conducteur de travaux ? Lui, le beau Broca, le sémillant Broca, le seul Antinoüs, l'unique Adonis (pardon, ô Leturc ! je t'oublie !) était méconnaissable. Ses gros souliers crottés, ses vêtements souillés, ses traits fatigués, tout semblait dire : ce n'est plus lui !

La voie ferrée achevée, Georges fit sa toilette, et chacun retrouve aujourd'hui dans le jeune et bel ingénieur des Tramways, notre Broca d'autrefois, actuellement dans le mois d'avril de son existence.

Au banquet de 1872, notre camarade remonta à cheval et fit une charge à fond de train sur l'élément anarchique qui mettait notre Société en péril.

Pour le récompenser de cette belle attitude, on le nomma membre de la Commission de réorganisation, chargée d'éteindre le torchon qui brûlait dans notre ménage.

Ce fut au sein de ce Conseil fameux que se joua, entre deux bols de vin chaud et sucré, l'existence de notre réunion intime.

La lutte fut vive, mais le succès ne fut pas longtemps douteux.

A la majorité de cinq voix contre deux, nous sauvâmes la Société en repoussant les bols vides et la motion subversive d'une poignée de factieux (ils étaient un !) qui menaçait notre cénacle d'une destruction complète.

Chacun fit son devoir sans faiblir, discutant les rafraîchissements et avalant les statuts !

Broca était des cinq.

Les cinq étaient du côté du manche.

Le manche triompha.

Et la Société ne branla plus dans le manche.

Voilà pourquoi petit potage à la bisque vit encore !

Notre ami Broca a usé, dans ses nombreux voyages en Europe, plus de kilogrammes de passeports et de billets de circulation que n'en comporte le poids de sa personne.

Jugez du nombre de kilomètres parcourus !

Mais, malgré les attraits des pays étrangers, malgré les séductions du beau sexe... européen, notre ami, fidèle à l'amitié, revient toujours au colombier du Génie, pour trinquer avec ses camarades, heureux de le revoir.

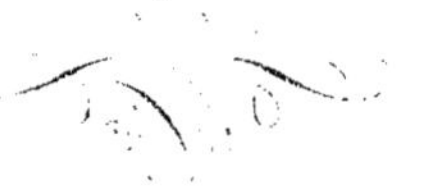

4699 — Pap. E. Gauche, 7, rue de Provence.

CHAPERON

(ÉMILE)

Ancien Lieutenant de la Légion du Génie auxiliaire

ÉMILE Chaperon est gai et ingénieur en chef des briquettes (chef de la division des combustibles), à la Compagnie des chemins de fer P. L. M., si célèbre par les émotions qu'elle procure, sans augmentation de prix, aux voyageurs qui veulent bien lui confier leur existence.

Seule, la gaieté de Chaperon ne déraille jamais!

Si j'en juge par l'apparence, les fonctions qu'occupe Chaperon dans cette grande Administration paraissent lui aller comme un gant.

Voyez plutôt ces joues colorées, ces yeux vifs et pétillants; écoutez cette parole sonore; quel feu! quel combustible que ce chef de division!

Au banquet annuel du Génie, notre camarade, suivant en cela de nombreux exemples, cherche en vain à modérer cette ardeur thermométrique; mais le bordeaux ou le bourgogne versé dans cette louable intention avive le feu au lieu de l'éteindre.

Aussi voyons-nous, au dessert, Chaperon rouge!

Chaperon, ancien élève de l'École centrale, entra au bureau des études de la Compagnie des chemins de fer sus-cités. L'arrivée de ce boute-en-train ranima un peu la gaieté qui menaçait de s'éteindre à tout jamais dans ce vestibule du Père La Chaise.

Dès son entrée en P. L. M., il sauta dans un wagon, à une époque où il y avait une certaine témérité à le faire. Il alla à Lyon *et il en revint!* Le public reprit confiance et le personnel reprit courage.

On plaça Chaperon aux combustibles. Il servit chaud. Tout alla mieux. L'actionnaire jubila.

Notre camarade est l'ennemi de la tristesse, du repos et de l'immobilité. Il aime le changement, le voyage, l'animation, l'entrain.

Quand il est à Paris, il va à Lyon. Dans cette dernière ville, il reprend le train pour Paris. Ainsi de suite.

Mais cet amour des voyages, si ardent qu'il soit, n'a jamais pu faire surmonter à Chaperon l'horreur qu'il éprouve pour la campagne.

Le chemin vicinal n'a pas pour lui l'attrait du boulevard des Capucines, et le sabot bourbeux de Marguerite ne possède pas, à son avis, l'élégance de la bottine cambrée d'Amanda Fleurderiz.

Croiriez-vous que cet heureux mortel possède même une chasse? oui! une vraie chasse, où il y a du vrai gibier! et qu'il n'y va jamais!! Savez-vous pourquoi?... Parce que sa chasse est à la campagne!!!

Chaperon n'aime pas les théâtres sérieux. Il va aux Variétés, au

Palais-Royal, aux Bouffes. Ce goût pour la gaudriole fait le désespoir de Leturc, qui n'a jamais pu entraîner son ami au théâtre Français.

« Pas même une seule fois, me disait Leturc, avec un profond soupir. »

Chaperon fait une sérieuse concurrence au petit canon du Palais-Royal. Mais que dis-je? le petit canon est distancé, puisqu'il ne part pas quand le ciel est couvert, tandis que Chaperon marque toujours cinq heures et demie, par tous les temps, et en toutes saisons, au Grand Café.

Quand votre chronomètre divaguera, transportez-vous au lieu susindiqué, et quand notre camarade Chaperon y fera son apparition, vous aiguillerez votre bassinoire à cinq heures trente minutes, temps moyen.

Seulement, au lieu de faire explosion comme son collègue du Palais-Royal, Chaperon se borne à demander une consommation.

Pendant le siége de Paris, Chaperon remplissait les fonctions de secrétaire du lieutenant-colonel, et vidait force boîtes de conserves, en compagnie de Leturc. Chacun de nous conserve ce souvenir de Tantale, qui fit époque pour nos estomacs, privés de viande authentique.

« Mais, nous n'en avons pas! répétions-nous à chaque instant. »

Chaperon, d'abord incorporé dans notre Légion comme lieutenant à la 6ᵉ compagnie, passa ensuite dans *la petite* état-major, et termina enfin sa carrière militaire, longtemps après sa dernière boîte de conserves, le soir de la journée de Buzenval, fatigué et affamé, sur l'épaule du capitaine Foubert qui en fut courbaturé pendant quelques jours.

Le camarade Chaperon est un de nos plus joyeux convives. Toujours gai, plein de verve et de brio, il nous raconte au dessert « *l'histoire d'une colonne* » ou autres facéties.

Et la présence d'un *chat prompt* ne fait pas fuir les souris de nos lèvres.

Au contraire!

CHEMIN

Ancien Capitaine de la Légion du Génie auxiliaire

Né le 25 Février 1832, à Péronne (Somme).

Nature exubérante et Architecte Inspecteur du Service des Promenades de Paris (aujourd'hui retraité).

Ancien Lieutenant commandant la compagnie des Sapeurs-Pompiers du bois de Vincennes. Il rendit, en cette qualité, quantité de services ; notamment en suant dans sa pompe à incendie pour l'alimenter, quand l'eau faisait défaut.

Au début de la guerre de 1870, notre camarade fut chargé de l'exécution des travaux de défense de la porte Daumesnil. Il s'en acquitta à la façon des héros d'Homère, faisant son devoir modestement et sans pompe. Toujours présent à l'appel, ainsi qu'à la pioche, Chemin fut atteint d'un énorme coup de soleil qui, pendant quatre jours, transforma sa tête en un potiron colossal. On se serait cru à une féerie du *Châtelet*.

Guéri de sa blessure, Chemin fut nommé Capitaine de la 6ᵉ compagnie du Génie. Quoique ne débutant qu'avec six hommes, il commença les travaux sur des points différents : bords de la Marne, à Nogent, à Romainville, au Point-du-Jour, à la porte d'Auteuil, etc.

Plus tard, il devint Capitaine d'État-Major du Lieutenant-Colonel; et enfin, Adjudant-Major des compagnies du Génie, chargées de la garde du bois de Vincennes.

N'oublions pas de mentionner sa belle conduite, comme Officier de Pompiers, lors de l'explosion de l'établissement de pyrotechnie de Vincennes, le 14 Juillet 1871, ce qui lui valut une médaille d'honneur de première classe, en or.

Chemin est l'un des Membres fondateurs les plus puissants de notre Société sans pareille. Aussi, le considère-t-on avec raison comme un homme d'un grand poids.

Grand, gros, large, bien entripaillé, porté carrément sur deux solides points d'appui, haut en couleur, notre ami Chemin, orné d'une barbiche et d'une paire de moustaches rutilantes, paraît, à première vue, fils de Bacchus et de Cérès. Son teint, que je qualifierai modestement de coloré, rappelle à l'esprit le jus de la treille ou la sauce tomate; et sa chevelure dorée fait songer involontairement à une gerbe d'épis qui se serait laissé entraîner au-delà d'une sage maturité, par un soleil trop passionné.

Sa peau, parfois vermeille et luisante comme celle d'un ballon en baudruche trop gonflé, fait craindre que son contenu, trop comprimé, ne fasse violemment irruption à travers son enveloppe carminée.

Dieu ! s'il allait éclater !... Cette pensée me cause un frisson.

Notre camarade, guidé par une prévoyance que je ne saurais trop admirer, emploie tous les moyens propres à conjurer une semblable catastrophe. Dans ce but, il cherche à réduire les tissus de son enveloppe cutanée par des exercices corporels et des excursions champêtres. Aussi voit-on souvent notre Chemin sur les routes.

L'été, il pêche à la ligne, et sa sueur fait grossir les cours d'eau. Pourtant, on ne dit pas que la saveur qu'il communique ainsi à l'eau des rivières serve d'amorce au poisson : nul doute, en ce cas, qu'on ne s'empresse de prohiber cet engin nouveau... mais, dans l'intérêt du poisson, je préférerais le contraire.

A l'automne, Chemin, modeste et pas bruyant du tout, muni d'un fusil et d'un port d'armes, part, précédé de son ventre, suivi de son chien et portant en sautoir son cor de chasse, avec lequel il fait frémir les échos à dix lieues à la ronde. Il fusille le chevreuil, mitraille les compagnies de perdreaux, fait des Saint-Barthélemy de lièvres, des Vêpres Siciliennes de cailles et ne fait pas de quartier aux lapins de garenne.

Et, contradiction étrange ! il a néanmoins le cœur sensible... en tout temps. Ce chasseur émérite est doublé d'un Membre de la Société protectrice des animaux. En cette dernière qualité, il protége les oiseaux, sauvegarde leurs couvées, assiste le cheval, aime le chien, ne fait pas de mal aux chats (même pendant le siége), secourt l'âne et va-t-au *Châtelet* à la distribution des prix que l'on décerne chaque année aux fidèles gardiens de la loi Gramont.

Il cherche à faire des prosélytes. C'est encore une vocation.

L'amour... des bêtes est très-développé chez lui, sauf quand il chasse ! et encore !...

Je n'ajouterai qu'un mot : c'est un excellent camarade.

5212 — Pap. E. Gauche, 7, rue de Provence

DEFFOSSEZ

(Isidore-Alfred)

Ancien Sergent-Major de la Légion du Génie

L'aimable Fée qui présida à la naissance de notre camarade Deffossez lui dit, en le touchant de sa baguette :

« Tu feras le désespoir de ton biographe futur ! »

Jamais prédiction ne s'est mieux réalisée.

Avant d'entamer cette biographie, j'invitai, à dix-sept reprises successives, notre ami Isidore à me narrer l'histoire complète de sa vie.

Le malheureux, rougissant jusqu'aux oreilles, me réitéra dix-sept fois qu'il n'en avait pas.

A chacune de ces affirmations négatives, je lui offrais un bock ; il m'en repayait deux ; je lui en faisais reprendre trois autres ; le tout dans le but d'extraire de son nez les vers qui pouvaient s'y trouver logés.

Après l'avoir retourné dans tous les sens en le secouant avec l'ardeur fébrile d'un joueur décavé, qui cherche à retrouver dans un vieux vêtement, une pièce d'or problématique, je parvins, enfin ! à obtenir de mon patient les renseignements qui suivent.

Mais ça n'a pas été sans peine . . . . . ni sans bocks ! . . . . .

Deffossez est né le 7 mai 1838, à Ham (Somme) ; cet acte fut le plus important de sa vie.

Aucun incident, remarquable ou non, ne vint troubler le calme absolu de sa paisible jeunesse.

Il fit ses premières dents à l'âge accoutumé, et il ne déchira ni plus ni moins de petites blouses et de tabliers à manches que la moyenne des enfants de notre pays.

Devenu jeune garçon, il alla à l'école et usa sur les bancs le nombre réglementaire de culottes. Ni trop, ni trop peu, assez !

Aucune maladie sérieuse ne mit ses jours en danger. Ses parents n'eurent, dès lors, ni le chagrin de le perdre, ni le bonheur de le sauver.

Plus tard . . . . .

Oh ! Dieux ! Si j'étais forcé de couler vingt-trois biographies dans ce moule !

Oh ! la Fée ! la Fée ! tu l'avais bien dit !

Mais, passons vite.

A la saison des baisers, au doux printemps de la vie, l'aimable, le doux, le paisible, le calme et le tranquille Desffossez, après de nombreuses hésitations, offrit timidement son cœur à l'objet de ses vœux.

Je ne sais s'il réussit à manger la pomme avec sa première Eve, ou avec sa seconde ou la suivante, mais il dut réussir un jour !

Que diable ? Ça vous est arrivé! à moi aussi, à Mademoiselle aussi !
Il n'y a rien d'étonnant à ça!.....

Oh! Dieux! si j'avais à faire vingt-trois biographies de cette force!
Heureusement que mon bon ami Deffossez me console de l'affliction .
qu'il me cause, en buvant avec moi le bock de l'amitié.

« J'ai beau chercher, me dit-il un jour, de son ton le plus doux et
le plus triste à la fois, je n'ai pas d'histoire! »

« Malheureux ! lui criai-je, tu dois probablement le jour à des parents
sans le sac, mais assurément honnêtes; donc, tu as été soldat. Raconte-
moi tes campagnes. »

Deffossez rebourra sa pipe, en me répondant d'un air navré :

« J'ai tiré un bon numéro!»

Oh! la Fée! la Fée!

Désolé, je lui pris la tête dans mes deux mains :

« — Tu ne me refuseras pas au moins de me faire le récit de tes
services administratifs à la Ville de Paris.

« — Ça, c'est facile. J'ai subi l'examen de piqueur avec succès. J'ai
été nommé piqueur du service de l'Éclairage...

« — Fort bien! continue! je burine sur l'airain ton histoire palpi-
tante, et...

« — ... Et je suis actuellement dans le service de l'Éclairage, en
qualité de piqueur. Pendant le siége, j'ai été sergent-major dans la
compagnie de de Baudot, avec Letorey, tu sais bien....

« — Et tu as eu la médaille militaire.

« — Oui, répondit-il modestement. Reprenons un bock. »

Nous en reprîmes deux.

Ne pouvant rien tirer de plus de ce bon Deffossez, j'achève, sans lui,
l'histoire de l'homme qui n'a pas d'histoire...

D'abord, il a..... plusieurs enfants légitimes, ce qui permet de supposer qu'il a le bonheur de posséder un charmant exemplaire de ce sexe à qui nous devons nos chastes épouses.

Son physique m'a inspiré les remarques suivantes :

Son teint se colore de plus en plus, comme un homard dans l'eau bouillante. Son nez se culotte, sa pipe aussi. Il porte toute sa barbe, mais elle se compose d'autant de poils que l'histoire de sa vie comporte d'événements importants.

Au moral, c'est le camarade le plus doux, le plus aimable, le plus complaisant, le plus facile, le plus... mais je m'arrête! les héritiers de Madame de Sévigné pourraient m'intenter un procès en contrefaçon.

Enfin, je n'ai qu'un reproche à adresser à ce camarade dépourvu de défauts, mais ce reproche est très-sérieux :

Deffossez n'aime pas le potage à la bisque!!!!!

4332 — Pap. E. Gauche, 7. rue de Provence.

FOUBERT

(Jules-Frédéric)

Président de la Société à laquelle nous sommes tous joyeux d'appartenir

Ancien Capitaine instructeur de la Légion du Génie

Né franchement et sans arrière-pensée à Saint-Germain-en-Laye, 23 ans avant la bataille de Solférino où il passa brillamment ses examens pour le grade de Chevalier de la Légion d'honneur. Il y fut déclaré admissible, et, depuis lors, il a obtenu de l'avancement.

Capitaine-instructeur à la Légion du Génie, pendant le siège de Paris, il fut chargé, en cette qualité, de la perception des vivres et de la répartition, entre les sous-officiers de l'État-Major du Génie, du biftec de cheval, des côtelettes de chien et autres friandises.

Ces hautes fonctions l'appelaient tout naturellement à la présidence de nos banquets annuels, présidence qui est, chaque année, consacrée par nos votes unanimes.

Il veille à la bonne tenue de la Société, surveille la rédaction d'un menu qui réveille l'appétit des camarades et nous émerveille tous par son entrain au dessert.

Foubert possède un caractère très-franc et très-enjoué. Sa chevelure est noire, mais son humeur ne l'est pas. Il porte la tête droite, une rosette à la boutonnière, un vif intérêt à l'existence de notre Société, un nez qui se colore, et des moustaches qu'il tortille constamment entre le pouce et l'index. A table, il n'abuse pas de la sonnette providentielle; mais il chante et toaste volontiers.

Quand il raconte, il s'adresse autant aux yeux qu'aux oreilles; et sa main droite complète son récit à l'aide de gestes savamment exécutés. Souvent, sa main s'additionne de sa fourchette, ou bien de son couteau qu'il brandit avec vivacité jusque dans les yeux ou dans les oreilles de ses voisins. Dans le tête-à-tête, il se contente, en parlant, de secouer son interlocuteur par les revers de son vêtement.

Quoique Foubert ne monte point facilement à l'échelle, il a gravi cependant, dans le cours de son existence, plus d'échelons que n'en possédait la fameuse échelle de Jacob. Voyez plutôt..... comme il monte!.....

Enfant de troupe, — sergent-major, — médaillé, — garde à cheval au bois de Boulogne, — garde à pied, — chevalier de la Légion d'honneur, — sous-brigadier, — négociant en vins et eaux-de-vie, — brigadier, — capitaine du Génie, — officier de la Légion d'honneur, — propriétaire, — conducteur municipal, — etc., etc. (J'en passe assurément.)

Et Foubert montait toujours!.....

. . . .

Au banquet comme sur le terrain, il rallie les troupes qui se débandent, en ramenant au combat ou au dessert ceux qui s'apprêtent à battre en retraite en bon ordre. Il fait usage, suivant l'occurrence, de chansons ou de coups de plats de sabre; et le surlendemain d'un banquet, Foubert, tortillant sa moustache entre le pouce et l'index, dit à quelques camarades :

« Si je n'avais pas chanté, tout le monde filait à neuf heures et demie. »

Et chaque année, la salle du banquet retentit des joyeux refrains de Foubert qui a trouvé un moyen ingénieux pour varier son répertoire. Ce moyen consiste à chanter au banquet suivant, les mêmes gaudrioles..., en ayant bien soin d'intervertir leur numéro d'ordre. Ainsi fait un joueur d'orgue de Barbarie qui avance ou recule à volonté, d'un ou de plusieurs crans, la tige de métal qui correspond au cylindre de son moulin à musique.

Mais le répertoire du Président est abondamment pourvu en tous genres, et la monotonie n'est pas à redouter un seul instant.

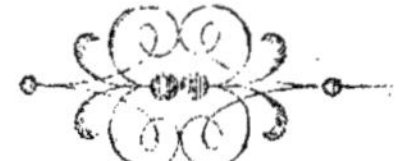

4148 — Pap. E. Gauche. 7. rue de Provence.

GAUCHE

(Édouard - Athanase - Alfred)

Ancien Sergent Papetier de la Légion du Génie et autres corps

Ce papetier folichon, né au Bignon (Loiret), le 24 février 1835, fit preuve, le jour même de sa naissance, d'une certaine déférence pour le beau sexe.

En effet, au moment de poser le pied (?) sur le seuil de l'existence, le jeune Gauche s'effaça galamment pour livrer passage à sa sœur jumelle; puis, après avoir attendu quelques instants par discrétion, et aussi afin de laisser le temps à sa compagne de produire son effet, il fit son apparition en souriant.

Tableau!

Mais il n'y avait plus de layette. *Sœusœur* l'avait déjà accaparée...

Edouard jura, *in petto*, qu'on ne l'y reprendrait plus!

A la vue de ce supplément inattendu, papa Gauche ne put dissimuler une grimace assez accentuée. Sa surprise fut même tellement vive qu'il oublia de donner à son rejeton *bis* le prénom de Philippe; ce qu'on ne manque jamais de faire quand on trouve deux amandes réunies dans une même coque.

Heureux d'avoir pu s'asseoir au banquet de la vie sans y avoir été invité, Edouard Gauche ressentit tout d'abord une joie excessive, et conserva, à la suite de cette bonne fortune inespérée, la gaieté la plus franche et la plus ouverte.

« Quelle chance!..... se dit-il parfois,..... je ne serais peut-être jamais venu au monde sans cela! »

En commémoration de cet événement remarquable, Gauche ne déjeune ni ne dîne avec des amis, sans demander des plats de supplément.

Quoique débarrassé, dès sa naissance, du lien matériel qui l'avait uni à sa sœur dans l'antichambre de l'existence, notre Edouard avait contracté, dans ce local, une telle habitude de vivre en société, qu'il ne put jamais s'en défaire. Il est vrai de dire que cette susdite habitude était pour lui une première nature.

Sous l'empire de cette influence irrésistible, on le vit, à peine nubile, chercher par tous les moyens à nouer avec les jeunes personnes d'un sexe autre que le sien, des liens qui n'avaient rien de commun avec la chasteté de ses premières relations.

Cet amour de la Société engagea notre camarade à faire choix d'une profession indispensable à l'humanité.

« Dans nombre d'actes de sa vie, se dit-il à ce sujet, l'homme a souvent besoin de papier! »

Et il se fit papetier. Coupant, pliant, réglant, reliant, encadrant, foliotant et collant... collant surtout! (de quelles *colles* ne fit-il pas usage?), il exerça son métier avec ardeur, fabriquant de préférence des livres de comptabilité sous le spécieux prétexte qu'il était né en partie double.

Devenu plus tard chef d'une importante maison de papeterie, l'ami Gauche devint le principal fournisseur de nombreuses Administrations publiques et particulières, de grandes Sociétés financières... et des employés des susdits établissements.

Ces derniers ne sont jamais les plus mal servis et ils sont gratifiés, par dessus le marché, de la bouche même du fournisseur, d'une foule de bons mots, calembours, gaudrioles, anecdotes égrillardes et autres, dont l'ami Gauche possède une source intarissable depuis l'heureux moment où il a dû le jour (et même la nuit !) à une circonstance fortuite.

C'est égal ! c'est humiliant de coexister avec des gens qui, venus au monde sans l'avoir fait exprès, jouent le rôle du treizième objet délivré en sus de la douzaine, ou de l'individu monté *en lapin* à côté du cocher de fiacre, qui se pavane plus que le voyageur qui a payé sa place dans la voiture.

. . . .

Gauche possède l'aplomb commercial au plus haut degré. Il n'est jamais embarrassé pour l'exécution des commandes qu'on lui remet, quelque excentriques qu'elles soient.

Voulez-vous du papier, de la moutarde, un irrigateur, de la porcelaine, une armoire à glace ou du jambon ? Demandez à ce papetier.

« Bien, M'sieu ! répond-il. »

Puis tirant de sa poche carnet et crayon, il inscrit.

Le lendemain, vous recevez un plumeau au lieu d'un soufflet à poudre insecticide.

Naturellement, vous réclamez :

« Mon soufflet ?

« — Oui, M'sieu. On vous l'a envoyé.

« — Mais non, j'ai reçu un plumeau.

« — On se sera trompé à la maison. Je vais en reprendre note. « Vous l'aurez demain. »

Le crayon et le carnet surgissent de nouveau de la poche de Gauche qui inscrit.

« Eh ! M. Gauche, mon portefeuille ?

« — Vous devez l'avoir reçu.

« — Pas du tout.

« — On l'aura oublié à la maison. J'en reprends note, vous aurez
« ça demain. »

Ici, nouvelle manœuvre du crayon sur le carnet.

« Avez-vous apporté ma facture, M. Gauche ?

« — Oui, M'sieu. La voici !

« — Qu'est-ce que vous avez fait? Je n'ai pas reçu tous les objets
« portés sur cette facture ?

« — Mais si, M'sieu !

« — Sacristi !... lisez donc vous-même ! Je ne vous ai jamais commandé toutes ces choses-là !

« — Ah !... non, M'sieu !... C'est le commis qui a fait l'erreur à
la maison. Il a ajouté à votre commande une liste de commissions dont
je m'étais chargé pour une voisine ! Je ferai changer ça ! oui, M'sieu !

« — Refaites donc cette facture ! c'est insensé de commettre de semblables erreurs ! Voyez plutôt.

« — Bien, M'sieu !... Bien, M'sieu !...... »

Gauche a des cheveux frisés, un caractère gai, un air jovial, un
crayon dans sa poche, une fréquente envie de prendre un bock, un
attachement inébranlable à notre Société, une complaisance à toute
épreuve, et une grande affection pour ses camarades.

J'ai dit.

GAUTIER

Ancien Sergent d'État-Major de la Légion du Génie auxiliaire

Né à Montlignon (Seine-et-Oise), le 9 avril 1829.

Architecte des monuments historiques à Laon et venant à Paris, chaque année, pour jeter des boulettes de pain à la tête de ses camarades, au banquet du Génie.

Cet architecte, brun et jovial, porte sur sa physionomie une expression tout à la fois taquine et joyeuse. Sa figure, qui a conservé l'empreinte du rire, annonce un ennemi de la tristesse et un apôtre de la gaudriole.

Fasciné par des dehors aussi agréables, je m'étais arrangé de façon à avoir Gautier pour voisin, au banquet de 1873. Ah! quels regrets cuisants n'en ai-je pas éprouvés!

Gautier, placé à ma droite, se livrait sans contrainte à sa passion pour les petits pains Viennois; et sa main habile (trop habile, hélas!) faisait subrepticement disparaître les gruaux d'alentour, y compris le mien. Trois fois j'en redemandai, trois fois il disparut. Impossible d'en manger une seule bouchée!

Je n'entreprendrai point de décrire toutes les ruses auxquelles j'eus recours pour chercher à soustraire mes pauvres petits viennois à la voracité de Gautier. Rien n'y fit!

Son second voisin et moi, nous cachions chacun notre petit pain tantôt dans nos poches, tantôt dans notre estomac, enfin sous nos aisselles; mais une main adroite et perfide parvenait toujours à s'en emparer avec une audace sans égale.

De guerre lasse, nous en arrivâmes à dérober aux atteintes de l'ennemi l'objet de ses convoitises, en le plaçant dans d'autres endroits encore plus inaccessibles, et risquant ainsi de profaner le gruau en litige. (Que voulez-vous? on fait ce qu'on peut!) Précautions superflues! Gautier, le fureteur Gautier, qui a conservé les habitudes du siége, retrouvait toujours la piste, et sa main, trop indiscrète sans contredit, s'abattait, sans pitié comme sans vergogne, sur cette proie tant disputée.

Alors, les yeux baissés et les joues rouges de honte, nous demandions humblement au garçon du gros pain, du pain commun, du pain au kilo, du pain grossier et rassis (pouah!), et Gautier, qui a encore sur le cœur le pain (?) du siége, nous laissait tranquilles, en dévorant jusqu'à la dernière miette le fruit de ses rapines.

Instruit par cette cruelle expérience, j'éloignai de moi, au banquet de 1874, un convive aussi dangereux, et je le remplaçai par Gauche. Hélas! je ne tardai pas à m'apercevoir que c'était tomber d'oïdium en phylloxera; car, si mon pain fut épargné, mes friandises s'en ressentirent énormément.

J'ajouterai que Gautier s'étant emparé, presque en face de moi,

d'une place qui ne lui était pas destinée, abusait de cette position straté-
gique pour faire de mon nez l'objet d'un bombardement des plus
acharnés.

Pour me venger de cet attentat inqualifiable, je vais dévoiler à tous
la conduite que tint Gautier, le soir même du banquet de 1873.

Pour retourner à Laon (Aisne), en sortant de chez Colle (Palais-
Royal) avec quelques camarades (Légion du Génie), la première station où
s'arrêta Gautier fut Valentino! (.....!!!) Après avoir levé le coude à
table, il lui sembla agréable de voir lever la jambe, histoire de rire un
instant.

Dans ce but, il remorqua trois ou quatre camarades, à qui il raconta
qu'il allait à la recherche d'un ami, et tous, dodelinant de la tête et
barytonant... sur un air quelconque, se dirigèrent vers Valentino.

Arrivé à destination, Gautier posa ses camarades en sentinelles, sous
l'orme, à la porte de ce temple de Terpsichore, en leur disant : « Je
reviens vous chercher dans un instant. » Puis il pénétra dans l'intérieur
du sanctuaire.

Je ne sais s'il succomba, bien malgré lui, j'en suis certain, à cer-
taines séductions; toujours est-il que nul ne le revit!...

« Mais, me direz-vous, et les Camarades?

« — Quels Camarades?

« — Ceux qui sont restés dans la rue, sous l'orme.

« — Ah! oui... Eh bien! ils attendent.

« — Comment? Ils y sont encore!

« — Ah! mais non!... Quand ils eurent fini de s'amuser à la porte,
eh bien!.....

« — Eh bien?

« — Ils s'en allèrent. (On n'a jamais su où!...) »

Pendant le siége de Paris, l'ami Gautier occupait l'emploi de Secrétaire du lieutenant-colonel de notre Légion. En cette qualité, il ne
quittait pas les talons de son chef de file, et Dieu sait s'il avait à faire!
Il partageait ces fonctions avec Chaperon, et un troisième sous-officier
qui savait monter à *cheuval*.

« Faites seller le petit poney, mon colonel, disait ce dernier, je
« pourrai vous suivre. Je sais monter à *cheuval,* mon colonel, je sais
« monter à *cheuval!* »

Gautier et Chaperon, non Centaures, suivaient à pied... sans tort.

Gautier est un charmant camarade, gai, communicatif, et de relations tellement faciles, qu'en l'abordant pour la première fois, on
s'aperçoit qu'on l'a dejà tutoyé, même avant de lui avoir adressé la parole.

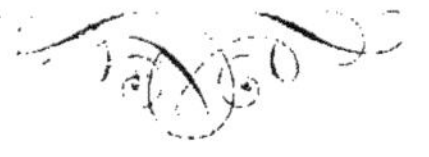

GIRARD

(Georges)

Ancien Sergent-Major de la Légion du Génie

Né en 1834, pendant la lune rousse.

La légende assure que notre ami Georges, fortement atteint par la gelée blanche, fut exposé, par une nourrice imprévoyante, à l'ardeur trop juvénile d'un soleil printanier.

Dès que la malheureuse s'aperçut de sa méprise, elle s'empressa de replacer à l'ombre le berceau de son cher poupon, mais il était trop tard !

L'enfant devait conserver toute sa vie le sceau rutilant de cette grave erreur.

Hâtons-nous de consoler notre cher camarade de cet inconvénient, en lui disant que son aspect, toujours agréable d'ailleurs, rappelle à notre esprit le spectacle de l'or en fusion.

A ce mal sans remède s'en joignit malheureusement un second : un malheur n'arrive jamais seul. L'ami Girard, profondément atteint dans l'ensemble de son organisme, ne put jamais acquérir tout le développement que promettait sa riche nature. C'est à cette cause qu'il doit, sans nul doute, de n'avoir pu s'élever à l'altitude majestueuse de cinq pieds six pouces, qu'il aurait évidemment dépassée sans cette circonstance malencontreuse.

Doué, fort heureusement, d'un excellent caractère, Girard supporta avec résignation le coup d'œil dédaigneux du capitaine de recrutement qui le déclara impropre au service militaire.

Rouge... d'émotion, notre ami rentra, d'abord en lui-même, puis dans une maison de commerce. Cherchant toujours un emploi à sa taille, il laissa le négoce pour l'administration.

La Ville de Paris, cette tendre mère municipale, lui offrit le grade de Piqueur temporaire, en échange de ses autographes calligraphiques. Il parut à l'instant propice : notre futur colonel, qui commençait alors les grands travaux auxquels son nom restera attaché, venait de fonder son cabinet.

Mais, hélas! notre malheureux ami voyait toujours le guignon le poursuivre.

Il était sur le point de recueillir le fruit de son travail; une nomination définitive au cabinet du futur Directeur des Travaux de Paris allait le récompenser de son labeur.

Au printemps, le raisin en fleur donne au vigneron les plus belles espérances : tel, au service des Promenades, Girard... avait compté sans la lune rousse, c'est-à-dire sans celui qui, sans être un astre (loin de là), jouait momentanément la partie malfaisante du rôle de cette planète.

On fit venir deux inconnus, et pendant que ces nouveaux venus grimpaient d'un pied leste les degrés de l'escalier de l'avancement. Girard marquait le pas pendant de longues années sans avancer d'une semelle, dans le bureau d'en face!

Puis, la guerre éclata. Notre camarade, qui n'avait pu être militaire, devint sergent-major de la Légion du Génie, et il remplit ces fonctions de manière à faire regretter sa présence, comme sous-officier comptable, dans une compagnie de l'armée active.

Enfin, il se consola de tous ses malheurs passés, présents et futurs, en assistant à notre banquet de décembre 1872. Mais la lune rousse poursuivait toujours notre infortuné camarade de sa pernicieuse influence.

Toujours animé d'excellentes intentions, Girard attendit le dessert pour présenter une motion. Là, dans un langage fleuri, il démontra la nécessité d'admettre à nos agapes fraternelles, sinon la totalité de l'effectif de la Légion, mais tout au moins les cadres complets des trois bataillons : officiers supérieurs, officiers, sous-officiers et caporaux.

Quelques esprits étroits goûtèrent peu cette manière de voir qui ne manquait pas de grandeur, puisqu'elle nous promettait, dans un avenir peu éloigné, quelques centaines de camarades de plus.

La discussion n'ayant pu aboutir, on leva la séance après avoir nommé une commission de sept membres, chargée de débrouiller notre peloton de fil, passablement emmêlé.

Girard en fit partie. Ses six copains le placèrent sur une sellette et le firent assister à l'élaboration de ces statuts admirables qui... que... enfin, que la modestie m'empéche de qualifier.

Notre ami Georges fit de son mieux : il vota pour l'ensemble du projet, après avoir repoussé un à un tous les articles.

Tout est bien qui finit bien.

Aujourd'hui, Girard est caissier d'une importante usine métallurgique. De plus, c'est un convive exact, un gai camarade et un ami sincère.

3211 — Pap. E. Gauche, 7, rue de Provence

HAGUET

(Auguste-Hippolyte-Arthur — Le dernier du genre)

Ancien Sous-Officier de l'État-Major du Génie auxiliaire

Est né, viable (oh! oui), le 30 janvier 1835 (année exception-
nelle), à Paris (c'est un faubourien).

Haguet est actuellement trapu, vigoureusement constitué et Chef
du Service intérieur au Ministère de l'Agriculture et du Commerce.

Il n'en est pas plus fier pour ça, et il continue à porter, comme
par le passé, beaucoup d'affection à ses anciens camarades et sa barbe
en collier.

Haguet a toujours tendrement aimé les deux puissantes mamelles de notre pays (*vulgo* : le commerce et l'agriculture).

Étant tout enfant, il ne jouait jamais à la dînette avec ses petits camarades, sans avoir au préalable simulé la vente des fragments de gâteaux ou de pain d'épice qui composaient le menu de ce repas enfantin.

Ces comestibles étaient soigneusement pesés à l'aide de petites balances, et quand le plateau supportant les friandises était trop pesant, le petit Haguet mangeait l'excédant, dans le but d'obtenir un équilibre parfait ;

Et c'était toujours lui, à l'exclusion de tous autres, qui remplissait le rôle du marchand.

L'enfant grandit..., grossit surtout! Il devint adolescent...! puis homme...!! et enfin!!! sergent à l'État-major du Génie auxiliaire.

Arrivé à ce point culminant de l'échelle sociale, notre camarade montra que ses prédilections enfantines n'avaient point suivi le même chemin que ses vieilles culottes. Le temps ne les avait point entamées (je parle de ses prédilections) ; et en 1870, sous la vareuse de drap grossier, mais ornée de galons d'or et de haches garance en sautoir, battait toujours un cœur constant pour la patrie et ses mamelles.

Vous souvient-il, Camarades, de l'entresol de l'édifice portant le numéro 3, rue de la Coutellerie?

Là se trouvaient le bureau, le dépôt et le magasin d'habillement de notre illustre Corps.

A certains jours, ce sanctuaire présentait un aspect inaccoutumé.

Je crois voir encore, derrière la grande table-bureau, transformée pour la circonstance en étal de boucher, Haguet, les manches retroussées, les yeux brillants.

Avec un plaisir indicible et un couteau bien affilé, il coupait, tranchait, dépeçait et surtout tripotait les morceaux de bœuf ou de mouton destinés à l'alimentation des *copains*.

Puis venait le tour de la balance.

Chaque morceau, épaule de mouton ou culotte de bœuf, était pesé avec amour et à un gramme près, comme au temps du jeune âge...

Seulement, les moutons que l'on nous distribuait ainsi, à prix de revient, n'avaient jamais de gigots!!! Était-ce une race ovine particulière? Nous ne l'avons jamais su; mais Haguet pourrait peut-être nous édifier aujourd'hui sur cette grave question, grâce aux connaissances spéciales qu'il a acquises dans nombre de concours régionaux.

A cette passion pour le commerce, Haguet joint, comme nous l'avons déjà dit, une affection profonde pour l'agriculture, et il le prouve en consommant beaucoup de viande, beaucoup de pain, beaucoup de légumes et beaucoup de vin.

Si ce qui nous reste de nos trente-six millions de compatriotes encourageait la production rurale d'une semblable façon, nos campagnards ne pourraient suffire à ensemencer et récolter les céréales, ni à élever et engraisser le bétail.

Enfin notre camarade Haguet porte sur la figure :

1° Une barbe en collier et l'ombre d'une moustache;

2° Les signes non équivoques de la grande satisfaction qu'il éprouve quand il se trouve avec de bons camarades.

Ce contentement perpétuel se manifeste en outre par une petite caresse que l'extrémité de sa langue donne fréquemment à sa lèvre supérieure.

Cet exercice s'exécute en un temps et deux mouvements :

Premier mouvement : La langue, creusée en forme de canal, sort vivement de la bouche en se dirigeant de bas en haut vers le bout du nez, mais sans l'atteindre; la pointe de la langue s'infléchissant en même temps en arrière jusqu'à la rencontre de la lèvre supérieure; l'ouverture de la bouche ne laissant qu'une étroite issue suffisant au passage de l'organe de la parole.

Deuxième mouvement : Coup d'œil expressif et moqueur lancé à l'interlocuteur, suivi d'une rapide réintégration de la langue dans la bouche.

Cela fait rêver vaguement aux petits *king's charles*! Mais... honni soit qui mal y pense! (On assure pourtant qu'il mord quelquefois!)

Le camarade Haguet est l'un de nos plus fidèles Sociétaires. La réunion-punch est pour lui pleine d'attraits, et le banquet a des charmes incomparables. Aussi s'empresse-t-il d'assister à ces réunions fraternelles, dont il fait l'un des plus beaux ornements, grâce à sa franche gaieté.

Signes particuliers : Préfère de beaucoup le bourgogne au bordeaux et ne déteste pas chatouiller la muse au dessert.

A le plus vif désir de voir les Banquets remplacer les Guerres et les Révolutions.

2374 — Pap. E. Gauche, 7, rue de Provence.

LAFUGE

(Arnaud — pas de l'Ariége; — Sully — pas celui d'Henri IV)

Ancien Sergent de l'État-Major du Génie

Natif, non naïf, de Bordeaux (Gironde).

> (Nous avons de si riches plaines
> Et de si fertiles coteaux,
> Disait un Gascon de Bordeaux,
> Que, si l'on y plantait des gaînes,
> Il y pousserait des couteaux.)

A deshonoré sa layette, pour la première fois, le 10 décembre 1835, dans cette grande, belle, riche et célèbre ville de France qui a donné son nom à presque tous les vins que produisent les départements situés au sud-ouest de notre patrie.

Dijon, moins généreuse pour les vins de Bourgogne, se contente modestement de l'auréole de gloire que lui procure sa moutarde.

Sully (Arnaud-Lafuge) débarqua donc, disions-nous, au port de l'existence, dans cette célèbre, riche, belle et grande ville de France, où l'on ne naît point gascon, à ce que prétendent les naturels de ce pays.

Ceux qui ont vagi en ces lieux privilégiés de la Nature affirment que la Gascogne est située au-delà de leurs confins, c'est-à-dire dans des contrées limitrophes où l'opinion contraire prévaut.

Tous Gascons au delà, pas en deçà.

De ma vie, je n'avais été plongé dans une semblable perplexité, par le fait des démarcations factices de la Gascogne, que l'on déplace suivant les besoins du consommateur; et j'en étais arrivé à me demander si véritablement ce pays n'était qu'une simple expression géographique.

Arnaud (Lafuge-Sully), dans le sein duquel je me suis épanché à ce sujet, a levé tous mes doutes en me révélant confidentiellement que, si la Gascogne n'existe pas, il y a néanmoins des Gascons un peu partout.

Jamais saint Paul (mon patron), sur le chemin de Damas, ne vit luire devant ses prunelles éblouies, une clarté aussi vive; et ma conviction fut irrévocablement arrêtée à partir de ce moment.

Peu d'existences sont aussi remplies que celle de notre ami Lafuge.

En effet, il est :

1° Conducteur municipal des Travaux de la Ville de Paris;

2° Sous-chef du bureau du personnel de la Direction desdits travaux;

3° Essayeur du pouvoir éclairant du gaz de Paris;

4° Secrétaire de la Commission des examens à l'emploi de piqueur;

5° *Dito* de celle des susdits à *l'idem* de conducteur;

6° Membre de la Société de Secours Mutuels du bois de Boulogne;

7° *Dito* de *l'idem* protectrice des animaux;

8° Secrétaire d'un cercle catholique d'ouvriers du faubourg Saint-

Germain (pour la défense de l'*Encyclique* et du *Syllabus*, probablement?) ;

9° Membre de la Franc-Maçonnerie..... (peut-être afin de
combattre le *Syllabus* et l'*Encyclique*?).

Ça me fait rêver au sabre de M. Prudhomme!...

Je crois avoir beaucoup écourté cette nomenclature, mais il faut savoir
se borner.

J'ajouterai toutefois que je soupçonne fort le camarade Arnaud
(Sully) de faire partie :

10° De l'estimable corporation des marguilliers de sa paroisse ;

11° Du bureau de bienfaisance de son arrondissement.

« Eh! je ne sais pas, me disait-il un jour, pourquoi l'on m'a fourré
dans toutes ces Sociétés! »

. . . .

Toujours animé du désir de s'instruire, Sully (Arnaud) plonge
constamment son nez :

— Dans le *Journal officiel ;*
— Dans la *Gazette des tribunaux ;*
— Dans le *Bottin ;*
— Dans le *Bulletin des lois ;*
— Dans le *Dalloz ;*
— Etc., etc., etc ;

Et il peut vous donner, *ex abrupto*, le nom du maire de Porchery-
les-Andouilles, l'adresse du Président de la 17ᵉ chambre et divers
renseignements administratifs ou judiciaires de toute nature.

Sully-Lafuge (Arnaud) est fort affable et très-obligeant. Les relations qu'on entretient avec lui sont généralement faciles et cordiales.

Il possède une physionomie sympathique, un air franc et enjoué,
des cheveux bruns (je parle de ceux qui lui restent), un teint très-clair.
Son visage, flanqué à l'est et à l'ouest, de deux favoris, est agrémenté
d'un sourire aussi perpétuel que le secrétaire de l'Académie. (En se
couchant, il doit se débarrasser de bien des choses, mais pas de ce sourire.)
Grâce aux susdits favoris, la figure de Lafuge-Sully-Arnaud ressemble
à celle d'un larbin ou d'un avocat, suivant que notre camarade porte
sur ou sous le bras une serviette en toile ou en peau.

Notre ami reçoit, au Luxembourg, de fréquentes visites particulières. Ces audiences ont lieu :

1° Dans la grande cour, quand il fait beau ;

2° Dans le couloir, quand il pleut.

Ambroise, qui reçoit aussi, procède différemment. Il se fait emmener par ses clients :

1° Au café, quand c'est du monde distingué ;

2° Chez le mastroquet,... dans les autres cas.
(NOTA. — Va moins souvent au café.)

Quand les solliciteurs ne peuvent se déplacer, ils écrivent. Mais, hélas ! les suscriptions de leurs lettres sont souvent libellées de façon à faire cruellement souffrir la modestie du destinataire.

Lafuge perd ses cheveux, mais pas la carte. Il se fraie avec persévérance son petit bonhomme de chemin, et tout fait présager qu'il percera un jour. Et pourquoi pas ? Aurait-il moins de chance qu'un abcès ?

Pendant le siége de Paris, Lafuge a assisté Ambroise dans les fonctions de secrétaire du colonel. Et, dans cette position, il se faisait quotidiennement remarquer par l'élévation de son style épistolaire... à l'aide de ballons-poste.

LAURENT

(Aimé)

Ancien Sergent-Major de la Légion du Génie

Nature calme et piqueur du service des Promenades et Plantations, Laurent vit le jour le 15 août 1831, à Cerilly (Allier).

Il reçut, en naissant, les plus grands soins et le prénom d'Aimé.

Il le fut! Il l'est encore... de ses parents, de ses amis, de ses voisins, de ses voisines, et généralement de tous ceux qui le connaissent.

J'allais ajouter... et même de ses ennemis. mais je ne lui en connais pas.

En effet, que diable Laurent aurait-il bien pu faire pour avoir des ennemis? Cette hypothèse est inadmissible, car notre Aimé n'a pas l'âme basse et noire.

Son caractère est même tellement doux, que l'ami Laurent ne se résout à écraser une punaise que lorsqu'il se trouve vis-à-vis d'elle en état de légitime défense.

Laurent est mélomane. Toutes les âmes tendres aiment la musique. J'ai connu des gens, doux comme des moutons, qui pleuraient comme des veaux à l'audition d'une symphonie mélancolique en mi bémol. et qui avaient la chair de poule en écoutant une marche héroïque.

Animé de sentiments aussi mélodieux, le camarade Laurent ne tarda pas à faire choix d'un instrument. Ses préférences, dois-je le dire? furent pour l'instrument patriotique et national de son département.

Laurent étant de l'Allier, Aimé souffla de la musette!

J'aurais dû écrire, par respect pour la couleur locale : Aimé *chouffla de la mugette!*

Je demande la permission de fermer les yeux pendant quelques secondes pour jouir, par la pensée, de la vue de ce tableau.

. . . .

Attenchion pour la bourrée, vou j'autres! En mejure! Fouch'tra! on dirait que vou'j avez peur de faire de la pouchière avec vos chou-liers!

> *Danchez, chantez au chon de la mugette,*
>
> *Chantez, danchez au chon du tambourin.*

You! You!

. . . .

Ravi, je rouvre les yeux pour rentrer dans la réalité.

En quittant son pays. Aimé dut changer de tube musical. La civilisation a de ces nécessités impérieuses.

Il délaissa la musette rustique pour sucer avec ardeur l'anche de la clarinette, charmant ainsi les oreilles de ses voisins tout en donnant un démenti formel aux détracteurs de cet engin à canards, qui prétendent que la clarinette rend aveugles ceux qui en jouent et sourds ceux qui en écoutent.

Aujourd'hui, Laurent, qui n'a pu perdre ses habitudes de jeunesse, suce fréquemment et avec amour le tuyau de sa pipe, dont il a un soin particulier.

Aimé a été sergent-fourrier d'une compagnie active de la Légion du Génie, puis sergent-major d'un peloton de marche.

Rien ne troubla l'harmonie des relations qu'il entretint avec ses chefs, avec lesquels il fut toujours d'accord.

A l'instar de nombre de nos camarades (hélas!), Laurent se déplume. La faux du temps a prématurément fait disparaître les ombrages capillaires de son chef.

Quoique dégarni, ce crâne est habité. Il recèle en ses flancs une araignée qui tisse la même toile environ tous les quinze jours. Et l'on voit périodiquement arriver dans les bureaux de la Direction des Travaux, une demande d'emploi de commissaire-répartiteur des contributions.

Souhaitons à notre bon camarade que son araignée réussisse enfin à s'emparer de la mouche qu'elle guette depuis si longtemps.

Disons à la louange de l'ami Laurent qu'il fut le promoteur de cette idée sublime :

« La reproduction par la photographie des binettes des copains. »

Seulement, la vérité me force à confesser qu'il fut le dernier à présenter ses traits à l'objectif.

Ceci n'a rien d'étonnant : Laurent n'est point poseur.

LÉTOREY

(ALEXANDRE-ÉMILE).

Ancien Lieutenant de la Légion du Génie

Est né le 29 janvier 1840, à Rouen (scène… trop inférieure, à laquelle il a renoncé).

> « En avant la Normandie !
> Marchons d'aplomb, mes enfants.
> Elle n'est pas engourdie
> La race des gars normands. »

Notre ami Alexandre est architecte d'ameublement, expert près le

Tribunal de Commerce de la Seine (pas Inférieure, cette fois-ci !) et...
entreprenant par tempérament.

Dès sa plus tendre enfance, il organisait déjà de petites Sociétés en
commandite pour l'exploitation des sucres d'orge, tablettes de chocolat.
poires blettes, pommes vertes et autres importations d'outre-collége.

Plus tard, l'homme tint toutes les promesses de l'enfant en jetant
les bases :

— D'un office de Travaux publics en France, à l'usage spécial des
Entrepreneurs ;

— D'une Société contre les accidents de vélocipèdes, de chemins de
fer, de voitures de malades ou autres véhicules sérieux ;

— D'un grand nombre d'Agences, Comptoirs, Entrepôts, Succur-
sales et autres Établissements d'utilité publique et particulière, dont
l'énumération serait trop longue et trop fastidieuse.

Notre ami soumissionne et entreprend toutes sortes de fourni-
tures d'ameublement de haut goût : divans pour les sultanes, meubles
capitonnés pour les millionnaires, chaises percées pour les... têtes
couronnées.

Il a garni complétement les palais des souverains de diverses prin-
cipautés minuscules, celui de Palissandrolstein, entre autres, composé
d'une foule de chambres et de beaucoup de cabinets, y compris ceux
d'une nécessité absolue et celui des Ministres.

Toujours très-entreprenant, comme nous avons dit, notre camarade
s'engagea volontairement, par-devant *Mossieu l' Mare* de sa localité.
sous les drapeaux de l'hyménée, et il sut largement remplir tous les
devoirs que cet engagement lui imposait.

La patrie lui en tiendra compte.

Aujourd'hui, Létorey fait une sérieuse concurrence à Abraham,
sous le rapport de la postérité.

Au point de vue du précepte divin : « Croissez et multipliez, » c'est
méritoire ; mais c'est fort incommode quand on va pour louer un apparte-
ment.

Mossieu Vautour et le sieur Pipelet ne sont pas tendres, et Létorey n'est jamais sans appréhension quand on lui pose la question sacramentelle :

« Avez-vous des chiens, des chats, des enfants, des singes ou des perroquets? »

Pour louer un local à sa convenance, notre ami n'hésiterait pas, s'il en avait, à étrangler ses chiens, à noyer ses chats, à tuer ses singes et à étouffer ses perroquets, mais… mais, tout père de famille réfléchit un instant avant de lancer sa progéniture dans l'égout collecteur.

Un peu d'hésitation est bien permise en pareil cas. Il y a d'abord la voix du sang… et ensuite la Cour d'assises qui pourrait la trouver mauvaise.

Que voulez-vous? Le Jury n'est pas parfait!

Après mûre réflexion, notre ami Alexandre se résout à chercher un tire-cordon moins inclément, en fredonnant le long des rues :

> « . . . .
> Nos enfants sont par douzaine
> Par cent nos petits-enfants.
> C'est qu'elle est bonne, la graine
> Qui produit les gars normands.
> . . . . »

Voilà pourtant à quoi l'on s'expose quand on a toujours bien rempli… son devoir.

Létorey, à la tête d'une troupe de Rouennais, arriva à Paris, au pas de course, pour s'incorporer, avec ses compatriotes, dans la Légion du Génie.

Il y fut nommé lieutenant.

Il commanda plus tard la cinquième compagnie de marche, en remplacement de M. Baudet.

Au licenciement de la Légion, il perdit ses épaulettes, mais il regagna Rouen en attendant une nouvelle occasion.

Le 23 mai 1871, aux sinistres lueurs de Paris incendié, Létorey revint, toujours au pas de course, avec les pompiers de Rouen, auxquels on l'attacha par un ordre de l'état-major de la garde nationale.

Notre camarade accomplit sa mission avec une ardeur que rien ne put éteindre. Les Rouennais intrépides pompaient toujours, pompaient sans cesse, Létorey aussi. Même dans les rares moments de répit que l'incendie lui laissait, le chef des pompiers Rouennais faisait pomper un bock pour éteindre un cigare.

Alexandre, plus que César, fit pomper.

Toujours remuant, jamais en repos, Létorey, après l'extinction du feu, rassembla ses pompiers et tous reprirent de compagnie le pas de course et la direction de Rouen.

> « En avant la Normandie!
> Allons revoir nos enfants.
> Elle n'est pas engourdie
> La race des gars Normands. »

Vous croyez peut-être que Létorey, une fois rendu à Rouen, se reposa! Allons donc, vous ne le connaissez guère!

Les pompiers lui offrirent d'abord le grade honorifique d'Ingénieur de leur compagnie.

Létorey accepta.

Comme c'était une récompense honorifique, le Conseil municipal normand de Rouen s'empressa de confirmer la décision des pompiers par un arrêté largement motivé. (Quand ça ne concerne pas le budget de la Ville, le Conseil municipal doit toujours être large des... arrêtés.)

Un bonheur ne vient jamais seul.

Alexandre Létorey fut décoré de la Légion d'honneur, le 3 décembre 1873.

Mais chaque médaille a son revers. Par suite de l'absence trop prolongée de Létorey, l'établissement qu'il dirigeait s'éteignait peu à peu, et notre camarade dut céder sa maison de commerce.

Il reprit alors le chemin de Paris où il réside actuellement.

Notre ami Létorey est d'un blond aussi ardent que son caractère. Ses cheveux sont crépus, sa volubilité et sa cordialité sont grandes. Toujours partout, jamais nulle part, il paraît n'être bien que là où il n'est pas.

4689 — Pap. E. Gauche, 7, rue de Provence.

LETURC

(PAUL-ANDRÉ)

Ancien Sous-Officier de l'État-Major du Génie

IT son apparition en ce monde, le 8 novembre 1846, à
Paris (Seine).

Notre ami Paul-André était si joli, étant enfant, que chacun
s'écriait :

— Ah! c'est dommage! il est vraiment trop beau pour un garçon.

Le mioche grandit et écouta. L'audition perpétuelle de ces paroles
flatteuses produisirent sur cet Antinoüs en herbe un effet déplorable ;

car, pour mieux entendre la louange qui le charmait, le bambin agrandissait ses oreilles avec ses doigts.

Horrible! horrible!

Feu Midas paraissait devoir être distancé dans un avenir prochain, quand on s'aperçut, presque à temps, de l'imminence de ce danger. On fessa le marmot et l'on fit défense à quiconque de lui adresser le moindre compliment.

La mesure était excellente, quoique tardive. Mais ce qui était fait... resta fait.

Privé du plaisir d'écouter, Paul-André voulut voir. Ah! qu'il usa de glaces à se regarder ainsi!

Pour préserver, conserver, entretenir et même augmenter cette beauté, don précieux de la nature, charme des yeux, miroir de l'âme, but à œillades, cible à baisers, le jeune et charmant Leturc (Paul-André) fit de grands et sérieux armements.

O Piver! ô Rimmel! ô Gellé! de combien de pots, de fioles, de sachets, de flacons, etc., n'approvisionnâtes-vous pas son arsenal!!

Et vous, tailleurs, bottiers, chemisiers, cravatiers et gantiers, que de coupes savantes n'inventâtes-vous pas en son honneur!

Et toi aussi, merlan bavard et obséquieux, dont les mains suintent le cosmétique fondu par la sueur, quelles belles raies lui traças-tu de la naissance du front à la racine... du dos!

Mais aussi, les jolies Parisiennes admirent aujourd'hui ce sourire gracieux produit par l'écartement de deux lèvres vermeilles; la supérieure ne fréquente plus son inférieure afin de permettre l'exhibition de trente-deux perles.

Leturc a lu Boileau. Il a retenu ce passage:

> « Vingt fois sur le dentier faites passer la brosse.
> Polissez-le sans cesse et le repolissez. »

Polissons... et repolissons, a répété notre ami.

Que d'incendies n'alluma-t-il pas dans son arrondissement! Le quartier était devenu inhabitable pour le beau sexe. Les mères se lamentaient, les papas rugissaient, la population s'exaltait.

Une catastrophe devenait imminente! Il y avait du Fulbert dans l'atmosphère. Les parents, les maris, les fiancés, et les autres voulaient... traiter le séducteur à la mode turque.

C'était fait de lui, si la guerre n'eût éclaté brusquement. Paul quitta ses pénates et sa table de toilette pour entrer dans la Garde Mobile.

Nulle fille ne s'en consola de vingt-quatre heures; mais chaque mère respira, tout père se tranquillisa, et le quartier rentra dans le calme plat.

Au début du siége de Paris, Leturc fut incorporé dans la Légion du Génie, comme sous-officier-secrétaire du chef du 1er bataillon.

Que de boîtes de conserves n'éventra-t-il pas en cette qualité, avec son camarade de lit!!! Thon, saumon, pâté de foies gras, volailles, filets de bœuf, conserves au sucre, fruits confits, friandises diverses. C'était un défilé gastronomique quotidien. Leturc prenait ensuite ses jambes à son cou pour suivre son commandant ou bien, en compagnie d'Alphand (le sergent), il rédigeait et expédiait les nombreux ordres du jour adressés au 1er bataillon.

Ce fut Leturc qui, le premier, arbora l'étendard des Muses au sein de notre phalange. Il débuta par une pièce en vers... et contre tous, dans laquelle chacun de nous était l'objet d'un éloge, d'un calembour ou d'un mot agréable.

L'idée était heureuse. Aussi, quoique les vers de Paul-André fussent d'une coupe moins correcte que celle de ses vêtements, l'étoffe en était excellente, et l'ensemble en fut accueilli avec enthousiasme.

Chaque année, le Nil déverse le trop-plein de ses eaux pour fertiliser les campagnes arides de l'Égypte. Tel, Leturc, débordant de lyrisme, arrose de sa poésie les crânes de ses copains. Ça et du champagne, à la fin d'un banquet, c'est de circonstance!

Le souvenir de cette rosée poétique me produit un tel effet, que, chaque fois que j'y songe, la Muse me démange. Mais, rassurez-vous! je saurai me contenir...

Leturc est un Sociétaire fidèle. Il ne rate ni un banquet ni une réunion.

Pourtant il ne faisait qu'une courte apparition aux soirées punch. — Là, après avoir effleuré de ses lèvres un dé à coudre humecté de chartreuse, il nous montrait les dents, nous serrait la main, nous disait un mot gracieux, et fuyait comme un sylphe léger sur l'aile diaphane de Zéphyre.

Tout jeune, Leturc, animé par l'amour du beau, étudia l'architecture, la mode nouvelle et le sexe féminin.

Il réussit dans toutes ses études, et, suffisamment instruit, entra résolùment dans une Compagnie d'assurances contre l'incendie.

Après avoir embrasé tant de faibles cœurs, il voulut préserver nombre de solides bâtiments, des feux d'un autre genre. Et pour cela, Leturc, l'Apollon, le Phébus, choisit naturellement :

La Compagnie du Soleil !!

Leturc va aux courses, séjourne à Trouville, s'ennuie au bal de l'Opéra, assiste à tous nos banquets, chausse du 36, gante du 6, adore le beau sexe, et est l'objet de nos sympathies les plus vives.

4691 — Pap. E. Gauche, 7, rue de Provence

Vicomte de PONS

(Pierre-Antoine-Laurent)

Ancien Sergent de l'État-Major du Génie auxiliaire.

Est né le 5 janvier 1839, à Pouilly-sous-Charlieu (Loire).

Pendant le siége de Paris, notre camarade de Pons fut attaché au bureau de l'habillement de notre Légion.

Il s'y montra bon camarade, gai, spirituel, et surtout fort bon vivant.

Plus tard, sous les ordres du capitaine Foubert, notre aimable Président, il coopéra activement, avec Aubrun, au ravitaillement de notre Légion, dans et hors Paris. On le vit souvent suivre, à distance, et suant d'ahan, les longues jambes et la haute stature de son chef de file, tous deux en quête de victuailles et à la recherche des intendants militaires, lesquels changeant journellement de campement, étaient toujours... sortis, comme Mme Benoîton.

Aujourd'hui, de Pons fait partie de plusieurs Cercles intimes, non compris notre Société, dans lesquels il rayonne tour à tour au milieu des personnes de sa sphère.

Toujours séduisant au sein de ces réunions, en sa qualité d'ancien sergent du génie, il *fascine*.

Pendant son passage (trop court, hélas!) au milieu de nous, de Pons a attaché son nom à une œuvre capitale, appelée par son mérite à flamboyer à travers les âges. C'est..... (disons-le tout de suite)

LE LIVRE D'OR

ou

LE BOTTIN PATRIOTIQUE DU SIÉGE DE PARIS

(1870 — 1871)

Cet ouvrage est, paraît-il, un véritable monument historique d'une haute valeur, et tellement réussi, à ce que l'on prétend, que la critique n'a pu trouver à y mordre. Il est vrai que personne n'a encore lu ce Vapereau héroïque, et pour cause.

Cette publication, remarquable et éminemment patriotique, renferme la biographie de tous ceux qui se sont signalés par des actions d'éclat pendant la guerre contre l'Allemagne.

Malheureusement, depuis la conclusion de la paix, ce livre dort; et, en attendant son réveil, les sergents du Génie ont le bec dans l'eau.

Voilà quatre ans que cela dure! Les habitants de Tombouctou

ne pourraient se faire une idée bien exacte de cette situation déplorable !

Nous attendons, tous, avec une impatience fébrile, le jour mémorable où cette importante production des temps modernes sortira des limbes typographiques dans lesquels elle paraît encore plongée. Nos acclamations les plus chaleureuses salueraient frénétiquement la venue d'un premier fascicule. Ah ! qu'il serait le bienvenu.

Cependant, il serait trop cruel de perdre sur ce sujet nos dernières illusions. Le Vicomte, trop philanthrope pour ne point compatir à nos souffrances morales, s'empressera, j'en suis certain, de hâter l'heure où son œuvre apparaîtra au grand jour.

Ce temps est proche ! De Pons tient trop à l'intérêt qu'on lui porte, pour essayer de nous donner le change en ne publiant pas à courte échéance et sans protester ce grand livre, journal héroïque de cette époque dont rien ne pourra balancer les effets, qui doit avoir, en raison de sa valeur, sa place dans toutes les bibliothèques, et qui va conquérir à première vue, sans remise et d'une seule traite, le légitime succès sur lequel compte, en somme, l'auteur.

4113 — Pap. E. Gauche, 7, rue de Provence.

SCHUHMANN

(Pierre-Guillaume)

Ancien Sapeur, Chef de Popote du grand État-Major

Né, à terme et même le jour du terme, le 8 avril 1833, à Soultz-sous-Forêt (Bas-Rhin).

Schuhmann a promené ses yeux, couleur scabieuse, ses cheveux de jais et son teint basané sous le ciel incandescent de l'Afrique, en qualité de chasse-marée, et avec quantité de camarades de son régiment. Son visage, déjà bronzé de naissance, ne put se culotter davantage sous l'in-

fluence du soleil de l'Algérie; mais son gosier éprouva de sérieuses alté-
rations.

Un jour, une colonne (pas celle de Chaperon!), dont Schuhmann
faisait partie, se dirigeait vers le sud. Le sirocco, qui est le zéphyr de ce
pays-là, soulevait, sous les pieds des chevaux, plusieurs milliers de mètres
cubes de sable brûlant. La colonne tout entière disparaissait par
moments sous cette torride avalanche.

Le gosier de Schuhmann, qui se trouvait placé en tête de la colonne,
engloutit à lui seul plusieurs quintaux de cette manne d'un nouveau
genre. De retour de l'expédition, notre pauvre Schuhmann et ses camarades procédèrent sans délai et sans relâche aux travaux de déblais
nécessités par l'ensablement de leur larynx. Malheureusement, les mem-
branes muqueuses de cette partie intéressante de leur individu ne purent
jamais reprendre leur fraîcheur primitive.

Depuis ce moment, Schuhmann abrége ses jours et quelquefois ses
nuits, à travailler à l'expulsion des derniers grains de sable trop profondément engagés dans les chairs, et qu'aucun liquide ne peut faire
démarrer. En le voyant à l'œuvre, on jurerait qu'il a été sevré avec une
tête de hareng saur!

Après son congé, Schuhmann entra au service municipal des
Travaux de Paris, comme huissier du Directeur.

Au siége de Paris, il fut pour la Légion du Génie d'une utilité
incontestable. Chef de popote *de la Grande État-Major !!* il fit des
prodiges culinaires et poussa l'art de la cuisine improvisée... jusque
dans ses derniers retranchements.

Qu'on en juge! Il prépara et servit :

Le biftec de cheval, sauce anonyme ;
Les côtelettes de chien au suif épuré ;
La gibelotte de rat à la graisse régénérée;
Et enfin la salade de feuilles de soucis, servie sous le nom de mâches.

Toutes choses fort succulentes qui vous faisaient venir l'eau à la
bouche rien qu'en les flairant. Ambroise, qui reniffle constamment, en
aspirait avec son nez bien plus qu'avec une cuiller à pot.

Leturc a célébré ces exploits. J'en détache le passage suivant :

« Remercions Schuhmann et sa cuisine;
Plus d'une fois, il sut nous transformer,
Au temps du siége et pendant la famine,
Du ch'val en bœuf et du chien en gibier.

. . . .

... Ambroise. je le vois,
En y pensant, se lèch' le bout des doigts. »

Mais le triomphe culinaire de Schuhmann, c'est le biftec de cheval. On tuerait Gladiateur lui-même ou Salvator rien que pour en confier les filets à Schuhmann !

A la Faisanderie, où avait lieu la grand'halte, tous mouraient de faim et se pâmaient de soif! Le colonel, imprévoyant pour la première fois de sa vie, s'était embarqué sans biscuits. Dame, on ne perd pas brusquement l'habitude de rencontrer des restaurants à la campagne.

Schuhmann. qui avait cueilli tout le long de la route des débris de caisses à biscuits, avait, en un temps et fort peu de mouvements, improvisé sa petite cuisine à l'africaine; et chacun avait encore sac au dos que mijotait déjà, dans le couvercle du gamelon, un succulent morceau de cheval que notre colonel avait dédaigné la veille, à Paris.

Comme le renard de la fable, notre chef de corps, alléché par l'odeur, accosta Schuhmann et..., après l'avoir complimenté, savoura une tranche de biftec avec délice et... avec le lieutenant-colonel, sous les yeux des malheureux *sargents* de la *petite État-Major* qui contemplaient mélancoliquement ce spectacle renouvelé de Tantale..

Schuhmann est vif et impressionnable. Son caractère est franc et entier. Mais là. *frai! il grie drop vort guand il est intigné!!*

Au récit d'une action répréhensible, sa figure se contracte, ses yeux roulent dans leur orbite, ses poings se crispent, son teint devient cramoisi, ses bras gesticulent, et la soupe au lait de son caractère déborde de la casserole de sa raison.

Alors, sa *foix églate gomme une drompette!*

S'agit-il, au contraire, d'un acte méritoire, vous assistez à un véritable trépignement de satisfaction. Il vous presse les mains, se réjouit bruyamment : *Ça! c'est pien! c'est drès-pien!*

Somme toute, il a un excellent cœur, et il éprouve un plaisir véritable à rendre aux camarades tous les petits services qu'on peut attendre de lui.

Mais je ne crois pas qu'il serait prudent de chercher à violer sa consigne ou de lui écraser volontairement les cors aux pieds.

A table, il est *kai, drès-kai;* et il chante volontiers après boire :

> « *Loin te nous les kranteurs,*
> *La vortune et la kloire,*
> *Il est blus toux t'aimer*
> *Te janter, rire et poire!!*

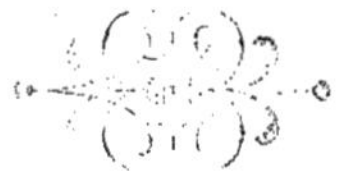